Wie man seinen Eltern das Internet erklärt

AF214987

Bibliografische Information der Deutschen Nationalbibliothek
Die Deutsche Nationalbibliothek verzeichnet diese Publikation
in der Deutschen Nationalbibliografie;
detaillierte bibliografische Daten sind im Internet über
http://d-nb.de abrufbar.

Noch mehr Freude ♥...

... mit Kinderbüchern für pures Vergnügen!
www.arsedition.de

Das Neuste von arsEdition im Newsletter:
abonnieren unter **www.arsedition.de/newsletter**

Text copyright © 2015 Pete Johnson
Titel der Originalausgabe: How to Update Your Parents
Die Originalausgabe ist 2016 im Verlag
Award Publications Limited, Großbritannien, erschienen.
Die deutsche Erstausgabe ist 2016 unter dem Titel
»Wie man seine absurd analogen Eltern updated« erschienen.

© 2021 arsEdition GmbH, Friedrichstr. 9, D-80801 München
Alle Rechte vorbehalten
Text: Pete Johnson
Übersetzung: Christine Spindler
Covergestaltung: Grafisches Atelier arsEdition unter Verwendung von Illustrationen
von Thorsten Saleina und Bildmaterial von GabrielJoseC/shutterstock.com und
Pand P Studio/shutterstock.com

ISBN 978-3-8458-3946-2

www.arsedition.de

PETE JOHNSON

Wie man seinen Eltern das Internet erklärt

Aus dem Englischen von
Christine Spindler

arsEdition

Für Phoebe,
ein Riesenfan von Luis,
der Lachnummer

Schule ade!

Dienstag, 24. Dezember
Heiligabend

15.25 Uhr

Ich habe gerade meine sämtlichen Erdkundebücher weggeworfen.

Kein Grund, Mitleid mit ihnen zu haben, sie sind selber schuld.

In diesen Weihnachtsferien haben sie sich Tag für Tag in meinem Zimmer geräkelt und sich über meine vielen Hausaufgaben bucklig gelacht.

Bis heute, als ich es plötzlich nicht mehr aushielt. Also habe ich sie alle in den Mülleimer geschmissen. Dort liegen sie jetzt neben einem Haufen Teebeutel und einer stinkenden, dunkelbraunen Masse. Ich hoffe, es ist nur Suppe, nichts Schlimmeres. Und schon sieht mein Zimmer viel heller und einladender aus.

Aber wenn die Schule wieder losgeht, werde ich eine Menge Ärger bekommen, was? Warum in aller Welt habe ich das getan?

Bin ich verrückt?

Vermutlich. Aber es gibt etwas, das du über mich wissen solltest.

Ich bin Luis – auch bekannt als Luis, die Lachnummer, denn

schon im zarten Alter von vier Jahren habe ich Jokes vom Stapel gelassen, zum Beispiel diesen hier:

Was läuft durch den Wald und niest? Rotzkäppchen.

Nun, meine Tanten mussten darüber kichern. Und tief in mir erwachte ein Traum. Vielleicht könnte ich eines Tages Komiker werden. Aber ich bin meinem Traum keinen Millimeter näher gekommen ... bis ich Maddy traf.

Sie ist meine Freundin. Wir hatten schon drei Dates. Beeindruckend, ich weiß.

Außerdem ist Maddy meine Agentin. Sie ist so alt wie ich (dreizehn), aber sie weiß schon unheimlich viel übers Showbusiness. Sie hat mir geholfen, in diese tolle Talentshow im Fernsehen zu kommen, *Kids mit Biss*.

Ich habe es sogar bis ins Finale geschafft. Und wenn ich als Sieger hervorgegangen wäre, hätte ich danach meine eigene halbstündige Show bekommen. Ich habe geübt wie ein Bekloppter, aber als dann der große Tag kam ... oh, mein Handy klingelt. Ich muss rangehen. Aber ich melde mich gleich wieder.

15.45 Uhr

Entschuldige die Unterbrechung, aber das war Maddy. Ich erzähle dir gleich, was sie wollte. Aber wo war ich gerade?

Ach ja, am Tag des großen Finales. Nun, als ich aufwachte, hatte ich mir den fiesesten Magen-Darm-Virus aller Zeiten eingefangen. Ich hätte den Rest des Tages lieber mit dem Kopf in einem Eimer verbringen sollen. Aber ich konnte mir doch die größte Chance meines Lebens nicht entgehen lassen. Also schleppte ich mich ins Studio, wo die Show live übertragen wurde, und dann ...

Ich habe einen kleinen Tipp für dich: Solltest du es jemals ins Finale einer Talentshow schaffen, dann komm nicht auf die Bühne gewankt und kotze den Moderator voll. Das lenkt doch sehr von deiner Nummer ab.

Tatsache ist, dass ich nicht dazu kam, einen einzigen Witz zu erzählen. Dieser peinliche Auftritt verbreitete sich rasend schnell im Netz und trug mir einen großartigen neuen Spitznamen in der Schule ein: der Superkotzer. Das war eine schlimme Zeit. Wenn ich dran denke, kommt mir alles wieder hoch (blöder Witz, tut mir leid). Aber ich habe nicht überreagiert. Ich bin bloß von daheim abgehauen, mehr nicht. Ich wollte es zumindest, aber Maddy hat mich am Bahnhof abgefangen. Sie hatte eine Nachricht von Poppy für mich.

Poppy hat *Kids mit Biss* gewonnen. Sie kann zaubern und hat vier Tricks gleichzeitig vorgeführt, obwohl sie im Rollstuhl sitzt. Aber davon lässt sie sich nicht bremsen. Und so hat sie natürlich ihre eigene halbstündige Show gewonnen. Aber sie durfte einen Gast einladen.

Und sie hat mich ausgewählt.

Vor ein paar Tagen wurde die Show aufgezeichnet. Ich hatte nur drei Minuten zur Verfügung, aber ich wäre am liebsten drei Stunden lang auf dieser Bühne geblieben. Als ich abging, hallte das Lachen der Zuschauer noch in meinen Ohren. Nichts auf der ganzen Welt hört sich besser an.

Heute Abend wird die Show ausgestrahlt. Ja genau, an Heiligabend, um 17 Uhr.

Und Maddy – die sich, wie schon erwähnt, unheimlich gut im Showbusiness auskennt – hat gerade angerufen und mir gesagt, sie sei davon überzeugt, dass ich gleich danach mit Angeboten überhäuft werde, obwohl Heiligabend ist. Sie wollte sicher sein, dass ich darauf vorbereitet bin.

Was für eine Frage.

Bin ich darauf vorbereitet, auf Welttournee zu gehen und alle Leute zum Lachen zu bringen? Was meinst du?

Vermutlich sollte ich mich auch hin und wieder in der Schule blicken lassen, um in Übung zu bleiben. Also werde ich einfach vorbeischauen, wenn ich zwischen zwei Flügen ein paar Stunden totschlagen muss. Aber ganz bestimmt nicht, wenn wir Erdkunde haben.

16.05 Uhr

Stevie fragt den Arzt: »*Herr Doktor, hat die Medizin, die Sie mir verschrieben haben, irgendwelche unangenehmen Nebenwirkungen?*«

»*Und ob*«, *antwortet der Arzt.* »*Wenn du sie nimmst, kannst du morgen wieder zur Schule gehen!*«

Das ist der erste Witz, den ich in der Show bringe. Nur noch eine knappe Stunde, dann ist es so weit.

16.07 Uhr

Übrigens: Wohin geht Pinocchio, wenn er krank ist? Zum Holz-Nasen-Ohren-Arzt.

Das ist mein zweiter Witz. (Nach einem langen Witz muss immer ein kurzer folgen.) Den Rest hebe ich mir für nach der Show auf.

16.35 Uhr

Maddy ist auf dem Weg hierher. (Sie wohnt nur drei Straßen entfernt.) Sie wird sich die Show zusammen mit mir, Mum, Dad und meinem kleinen Bruder Elliot anschauen.

Außerdem werden alle meine Verwandten einschalten sowie jeder, den ich in der Schule auch nur im Vorbeigehen gesehen habe.

Und alle meine Instagram-Follower … Ich habe aber niemandem gesagt, dass er groß damit anzugeben braucht, dass er mich kennt. Doch es ist schon ein historisches Ereignis, nicht wahr?

16.10 Uhr

Maddy ist da. Mum und Dad haben darauf bestanden, dass sie und ich die besten Plätze auf dem Sofa bekommen. Ich hocke also hier mit meinem Handy auf den Knien. Ich kann kaum erwarten, dass jemand anruft. Nur noch zwanzig Minuten. Ich war noch nie so aufgeregt!

18.50 Uhr

Maddy ist gerade gegangen, und ich wette, dass du unbedingt hören willst, wie die Show gelaufen ist.

Also, blättere um, dann erfährst du jedes Detail.

Ich werde unsichtbar

18.50 Uhr

Ja, du hast richtig gesehen.

Es gibt überhaupt nichts zu erzählen, denn ich wurde aus der Show rausgeschnitten.

Noch mal, damit dir das ganze Ausmaß des Grauens bewusst wird:

Ich. Wurde. Aus. Der. Show. Rausgeschnitten.

Ich hatte keine Ahnung, was für eine Katastrophe mich ereilen würde.

Wir schauten zu, wie Poppy ihren ersten Zaubertrick vorführte. Dann sollte sie mich ankündigen.

»Gleich bin ich dran«, sagte ich und versuchte krampfhaft, möglichst cool zu klingen.

Doch ich war gar nicht dran.

Nach dem ersten Zaubertrick wurde sofort gezeigt, wie Poppy mit dem Publikum quatschte.

»Und wo warst du?«, wollte Elliot sofort wissen.

»Ha, ha«, sagte ich. Mehr fiel mir dazu nicht ein. Zum Glück sprang Maddy in die Bresche.

»Offensichtlich wurde die Reihenfolge abgeändert. Das ist beim Fernsehen ganz normal.«

»Bestimmt bringen sie dich erst zum Schluss, damit die Show mit einem Höhepunkt endet«, sagte Dad.

»Das Beste kommt immer zum Schluss«, fügte Mum gut gelaunt hinzu.

Es konnte nichts schaden zu hoffen. Und mein Auftritt wäre ein furioses Finale gewesen.

Aber zwanzig Minuten später war die Show vorbei. Selbst da glomm noch ein winziges Fünkchen Hoffnung in mir, dass sie mich direkt nach dem Abspann reingeschnitten hatten.

Aber so war es nicht.

Ich schloss ganz fest die Augen. Das konnte nur ein Albtraum sein. Dann öffnete ich sie wieder. Ich war immer noch mittendrin in dem Albtraum. Das war die größte Enttäuschung meines ganzen Lebens. Ich hatte keine Ahnung, was ich sagen sollte. Den anderen ging es anscheinend genauso. Die schockierte, entsetzte Stille dehnte sich einfach immer weiter aus.

»Hey, mir kommen gleich die Tränen!«, brach es schließlich aus mir heraus. »Hat jemand ein Taschentuch? Was ist das denn für eine Weihnachtsbescherung? Ha, ha.«

Ich wiederholte das »Ha, ha« noch drei-, viermal.

Dann sah ich, dass ich von Evie, der Redakteurin von *Kids mit Biss*, eine Whatsapp-Nachricht bekommen hatte. Sie teilte mir mit, dass die Show sieben volle Minuten zu lang geworden war, also hatten sie widerstrebend ein paar Szenen rausgeschnitten. Nun, vor allem eine.

Meine.

Sie hoffte, ich wäre nicht allzu enttäuscht, und wünschte mir *wunderschöne Weihnachten*.

Ich las die Nachricht gerade laut vor, als sich ein gigantischer Kuchen langsam ins Wohnzimmer schob, gefolgt von Elliot.

»Aber den essen wir trotzdem, oder?«, nölte er.

Auf dem Kuchen prangte: GLÜCKWUNSCH, LUIS, DIE LACH-NUMMER. Ja, mein ganzer Name stand darauf.

»Das sollte eine kleine Überraschung werden«, flüsterte Mum. »Aber du hättest ihn jetzt nicht bringen sollen, Elliot.«

»Wieso nicht?«, rief ich. »Na kommt, greift alle zu. Schließlich ist Weihnachten.«

Ich habe noch nie zuvor so viel Kuchen in mich reingestopft. Aber ich kann beim besten Willen nicht sagen, wonach er geschmeckt hat.

20.00 Uhr

Auf meiner Instagram-Seite stehen unter meinen Bildern schon unzählige Kommentare. Einige sind nett, wie die von Theo, meinem besten Freund an meiner alten Schule.

Ich bin sicher, dass sie dich ein andermal senden werden. Sag mir dann auf jeden Fall Bescheid.

Die meisten Einträge lasen sich aber eher so: *Ich habe nur einmal geblinzelt, und schon hatte ich dich verpasst. Oder warst du so schlecht, dass sie dich nicht senden konnten?*

20.22 Uhr

Poppy hat gerade angerufen, den Tränen nahe. »Ich hatte keine Ahnung, dass sie dich rausschneiden würden.«

»Ich war auch ziemlich überrascht.«

»Oh Luis, ich fühle mich absolut grässlich.«

»Ich wette, nicht so grässlich wie ich«, sagte ich.

Mein Skateboard
und ich

Mittwoch, 25. Dezember
1. Weihnachtsfeiertag

Maddy hat mir mein Weihnachtsgeschenk vorbeigebracht. Einen Schuber mit DVDs von allen aktuellen Spitzen-Comedians. Ich habe ihr ein Glücksarmband mit Herzen und Sternen geschenkt. Sie meinte, das sei mit Abstand ihr schönstes Weihnachtsgeschenk (und dabei hat sie sogar ein neues Fahrrad bekommen).

Dann sagte sie, wie sehr sie gestern meinen Umgang mit diesen schockierenden Ereignissen bewundert hat. »Es gehört eine Menge dazu, in so einem Moment Witze zu machen und mit so viel Appetit Kuchen zu essen.« Sie ergänzte: »Es muss ganz schön wehtun, ein unentdeckter Comedy-Star zu sein.«

Dem konnte ich nur beipflichten.

»Aber eines Tages wird es passieren«, beharrte Maddy. »Du *wirst* entdeckt werden. Es wird nur ein bisschen länger dauern, als wir dachten.«

Donnerstag, 26. Dezember

Invasion der Bekloppten, auch bekannt als unsere Verwandtschaft.

Großtante Betty, die man nur als uralt bezeichnen kann, brachte Schwung in die Bude, indem sie schwelgerisch über die Geschichte des Mistelzweigs philosophierte. Wir mussten so tun, als wäre uns das alles völlig neu, dabei hielt sie diesen Vortrag jedes Mal am zweiten Weihnachtsfeiertag.

Danach verbrachten wir mehrere Jahrhunderte mit Brettspielen. Sensationsmeldung – Großtante Betty hat bei Monopoly gewonnen. Doch keine Sensationsmeldung – sie gewinnt jedes Jahr. Es ist einfach ein ungeschriebenes Weihnachtsgesetz.

Niemand erwähnte, dass ich in Poppys Show nicht zu sehen gewesen war (das hatten meine Eltern ihnen sicher eingebläut), außer Oma. Als sie ging, zischte sie mir zu, dass sie diesen Satellitensender nie wieder schauen würde, da sie mich so schäbig behandelt hatten. »Nicht, dass ich diesen Sender überhaupt jemals geschaut hätte«, fügte sie hinzu. Dennoch, ich wusste die Geste zu schätzen.

Freitag, 27. Dezember
11.30 Uhr

»Du bist doch nicht allzu enttäuscht, oder?«, fragte Dad und hockte sich zu mir.

»Aber nein«, schwindelte ich.

»Denk immer daran, Luis, du warst in einem Fernsehstudio und man fand dich gut genug für eine Aufnahme. Denk an all die Leute, die gar nicht erst so weit gekommen wären.«

Aber genau das machte es umso frustrierender. Es *beinahe* ins

Fernsehen geschafft zu haben, um dann auf den letzten Drücker fallen gelassen zu werden.

»Und wer weiß, es könnte durchaus noch etwas Gutes dabei rauskommen«, sagte Dad.

Ich halte ja auch ständig Ausschau nach dem Silberstreifen am Horizont, aber selbst ich konnte mir nichts im Entferntesten Gutes vorstellen, das dabei rauskommen sollte.

»Es ist in Ordnung, manchmal die Schnauze voll zu haben«, fuhr Dad fort, »besonders wenn im Leben nicht alles so läuft, wie man es sich wünscht. Erinnerst du dich daran, wie frustriert ich Ende letzten Jahres war?«

Ich erinnerte mich daran.

Im Oktober hatte Dad seinen Job verloren und Mum bekam eine Vollzeitstelle angeboten. Also tauschten sie mehr oder weniger die Rollen. Es war eine komplette Katastrophe – jedenfalls was Dad anbetraf. Er brutzelte absolut ungenießbares Zeug, brachte die Wäsche durcheinander und bekam überhaupt nichts auf die Reihe. Er fing sogar an, sich einsam zu fühlen. Immer wenn ich von der Schule heimkam, musste ich mit ihm reden. Mehrere Minuten lang. Dann erst konnte ich Computer spielen gehen.

»Aber jetzt geht es dir wieder gut, oder?«, erkundigte ich mich.

»Oh, aber sicher«, bekräftigte Dad. »Da sind die ganzen Fortbildungen, auf die ich mich freuen kann.«

Dad hat sich einer Gruppe von Hausmännern angeschlossen und sich für alle möglichen speziell auf diese Zielgruppe ausgerichteten Kurse angemeldet.

»Dann geht es uns ja allen prächtig«, sagte ich und starrte vielsagend auf das Computerspiel, bei dem Dad mich gerade gestört hatte.

Dad verstand den Wink und stand auf, doch dann sagte er: »Du warst in Poppys Show sehr witzig, weißt du.«

Ich sah auf. »Ja, nicht wahr?«

»Darum bist du in meinen Augen bereits ein Sieger«, sagte Dad.

14.10 Uhr

Ich hörte beiläufig, wie meine Eltern sich darüber unterhielten, dass gleich die Müllabfuhr kommt (ja, ich weiß, es ist traurig, dass sie sich über solche Sachen unterhalten). Da fiel mir siedend heiß ein, dass meine ganzen Erdkundebücher in einer der Mülltüten steckten, die jede Sekunde abgeholt werden würden.

Ich stürmte aus dem Haus. Aber da es Weihnachten war, säumten eine ganze Reihe schwarzer Mülltüten die Straße. Wie sollte ich da die richtige finden? Also begann ich mich durch alle zu wühlen wie irgendein durchgedrehter Fuchs.

Endlich brachte ich sie zum Vorschein, über und über mit braunen Flecken gesprenkelt. Und sie stanken nicht einfach nur. Sie stanken zum Himmel. Sie stanken zum Steinerweichen. Niemand konnte es in einem Zimmer mit ihnen aushalten. Also besprühte ich sie großzügig mit Dads Rasierwasser und rundete das Ganze mit Haarspray ab.

Ich dachte, damit hätte ich den Gestank ganz raffiniert übertüncht, aber als Maddy später in mein Zimmer kam, war sie nicht überzeugt.

»Sie riechen so seltsam, und was sind das für braune Flecken?«

»Alte Suppe vielleicht, oder, falls nicht, also das möchtest du lieber nicht wissen.«

»Aber wieso hast du sie überhaupt in den Müll geworfen, Luis?«, fragte sie.

»Ich habe sie nicht reingeworfen, sondern in hohem Bogen hineingeschleudert, weil sie mich so genervt haben und ich nicht gedacht hatte ...«

»Allerdings nicht.«

»Lass mich ausreden. Ich dachte nicht, dass ich sie noch mal brauchen würde. Nicht, wenn ich entdeckt werden würde. Und was macht man mit Sachen, die man nicht mehr braucht? Man wirft sie weg.«

»Das stimmt«, meinte Maddy sanft. »Ich könnte dir die Bücher einbinden«, bot sie an.

»Hey, du bist ein Schatz«, sagte ich.

»Aber gegen den Gestank kann ich auch nichts ausrichten.«

»Ich werde mich daran gewöhnen«, sagte ich.

»Und was willst du deinem Lehrer sagen?«

»Ach, der stinkt selber«, erwiderte ich.

Samstag, 28. Dezember

Maddy hat meine eingebundenen Erdkundebücher gebracht – und obendrein Edgar mit dazu.

Edgar ist dreizehn und geht auf die sechsundachtzig zu. Er ist der ältlichste Teenager, den du dir nur vorstellen kannst. Er geht nicht mehr zur Schule, sondern hat einen Privatlehrer, weil der Unterricht ihn nicht genug gefordert hat. Außerdem musste er sich ständig vor den anderen Schülern verstecken.

Er ist Maddys zweiter Klient, der einzige andere außer mir. Er schreibt Gedichte, die sich prima als Einschlafhilfe eignen. Es ist kaum zu fassen, dass einige davon in unserer Lokalzeitung veröffentlicht worden sind. Aber Maddy ist nun mal eine großartige Agentin.

Edgar sah mich kopfschüttelnd an. »Du fühlst dich bestimmt grässlich.«

»Seit du da bist, geht es mir schon viel besser.«

»Du hast sicher eine Mordswut.«

»Und du hast nicht mehr alle –«

Maddy unterbrach mich hastig. »Edgar möchte dir etwas vorschlagen.«

»Du wirst bestimmt ganz aus dem Häuschen sein«, sagte Edgar.

»Bestimmt«, pflichtete ich ihm bei.

Er sagte: »Ich finde, du solltest die Nummer, die man an Heiligabend so niederträchtig rausgeschnitten und damit dem Publikum vorenthalten hat, aufnehmen und auf YouTube hochladen. Damit zeigst du Willensstärke und –«

»Supi! Das ist eine coole Idee«, unterbrach ich ihn, bevor ich die zwei Worte hinzufügte, von denen ich nie geglaubt hatte, dass ich sie mal aussprechen würde: »Danke, Edgar.«

Samstag, 28. Dezember

Ich habe gestern bei Weight Watchers angerufen. Was soll ich sagen? Keiner hat abgenommen!

Danach wollte ich Spiderman anrufen, aber der hatte kein Netz.

Kleine Auswahl an Jokes, die ich in Poppys Show gebracht habe. Ich kann es kaum erwarten, sie in meiner neuen Nummer wieder zu erzählen.

Sonntag, 29. Dezember

Ich habe mir meine neue Nummer gerade noch mal angeschaut. Ich bin furchtbar, womöglich sogar grottenschlecht. Mein Timing hat vorn und hinten nicht gestimmt und ich habe die Witze völlig unmotiviert erzählt. Ich habe sie nur heruntergeleiert wie jemand, der im Schlaf spricht.

Ich fürchte, mein Sinn für Humor ist mir abhandengekommen.

Montag, 30. Dezember
14.30 Uhr

Maddy hat meine Vorführung jetzt auch gesehen. Am Ende meinte sie:»Vielleicht brauchst du schlicht und einfach ein Publikum.«

»Aber heute würde ein Publikum nicht über mich lachen, nicht wahr?«

Maddy stand auf.»Luis, du hast einen schweren Schock erlitten. Es wäre merkwürdig, wenn du danach wieder problemlos witzig sein könntest. Gib dir ein paar Tage Zeit, aber nutze sie, um andere Comedians anzuschauen. Dann wird dein Sinn für Humor bestimmt zurückkommen. Und vergiss nie, du bist immer noch LUIS, DIE LACHNUMMER.«

21.00 Uhr

Ich habe meine ganzen Lieblings-Comedys angeschaut – *Young Sheldon, Modern Family, The Inbetweeners* – und jetzt lese ich gerade ein Buch von dem unglaublich witzigen Schriftsteller P. G. Wodehouse – *Dann eben nicht, Jeeves.* Mein Sinn für Humor dürfte sich bald wieder einstellen.

Dienstag, 31. Dezember

Maddy muss mit ihren Eltern ein paar Tage verreisen, darum hat sie mir den Neujahrskuss im Voraus gegeben und noch einen Kuss für jeden Tag, den sie fort sein wird. Es ist toll, eine Freundin zu haben!

Mittwoch, 1. Januar
14.30 Uhr

Ich habe mir Videos aus diesem angesagten Vlog von Noah und Lily angeschaut. Es ist kein Wunder, dass die beiden so beliebt sind.

Sie sind zwar ein Paar, aber sie machen keine ekligen Sachen. Sie erzählen witzige Begebenheiten aus ihrem Leben und machen verrückte Challenges. Und sie interviewen oft andere berühmte Paare.

Ich musste laut über die beiden lachen, und Mum fing an, über meine Schulter zu starren.

»Was ist denn so witzig?«, fragte sie. Es liegt mir sehr am Herzen, meinen Eltern etwas beizubringen, darum erklärte ich es ihr, bis sie mir ins Wort fiel.

»Aber das sieht ja aus, als wäre es in einem total unordentlichen Schlafzimmer gefilmt worden.«

»Ja klar, das ist Noahs Zimmer.«

»Und sie machen überhaupt nichts. Sie reden nur und schneiden Grimassen«, fuhr Mum fort.

»Nein, Mum, sie machen etwas – sie sind nämlich einfach sie selbst.«

Aber Mum konnte darüber nur den Kopf schütteln. »Ich kapiere nicht, wieso du diesen Unsinn nicht ausschaltest und dich lieber mit deinem Bruder unterhältst.«

»Das ist ein total dämlicher Vorschlag, Mum.«

Hinterher empfand ich dann doch etwas Mitleid mit ihr. Es muss schrecklich sein, wenn man nicht mehr up to date ist.

16.50 Uhr

Poppy hat angerufen, um mir ein gutes neues Jahr zu wünschen und all den Kram. Dann sagte sie: »Und Luis, es tut mir wirklich wahnsinnig leid, dass du aus meiner Show rausgeschnitten …«

»Hör mal, das war nicht deine Schuld«, brummte ich, »also hör auf, dich zu entschuldigen. Übrigens, jedes Mal, wenn ich online nachschaue, hat wieder jemand geschrieben, wie grandios er deine Show fand. Ich bin unheimlich stolz auf dich. Hey, das klang doch fast aufrichtig, oder?«

Poppy lachte. »Man hat mir versprochen, dass die Show in voller Länge wiederholt werden soll.«

Ein Hoffnungsfunke glomm auf. »Hat man dir auch gesagt, wann?«

»Nein«, gestand sie.

Und schon erlosch der Funke wieder.

Donnerstag, 2. Januar

Ich trat gerade aus dem Einkaufszentrum, als ein Mädchen aus meiner Schule mir zurief: »Ich hab an Heiligabend extra nichts unternommen, weil du gesagt hast, du wärst im Fernsehen. Ich hab es meiner ganzen Familie erzählt.« Sie hob die Stimme. »Und dann warst du gar nicht zu sehen.«

»Das habe ich auch gemerkt«, erwiderte ich. Und mir wäre vor Enttäuschung fast der Kopf explodiert. »Das lag daran …«

»Das lag daran, dass du dir das nur ausgedacht hattest!«, schrie sie. »Warte bis Montag, dann bekommst du es heimgezahlt.«

Es ist immer scheußlich, wenn nach den Ferien wieder der Alltag ruft. Aber diesmal würde es eine echt niederschmetternde Erfahrung werden.

Freitag, 3. Januar
11.30 Uhr

Nein, es wird nicht niederschmetternd, denn ich hatte einen genialen Einfall.

Ich bin ziellos auf eBay herumgesurft, als ich etwas entdeckte.

Ein Typ, der nur eine Straße entfernt wohnt, verkauft sein Skateboard, obendrein zu einem Spottpreis. Da hatte ich eine Eingebung.

Ich werde am Montag nicht wie ein geprügelter Hund in die Schule schleichen und tief beschämt Entschuldigungen stammeln. Oh nein, ich werde auf einem Skateboard hereinrauschen. Natürlich wird es sofort konfisziert werden. Aber das macht nichts, denn danach werden alle darüber reden, dass ich aufgekreuzt bin wie der coolste Schüler, der je auf der Erde gelebt hat, und alle werden sofort vergessen, dass mein Auftritt in Poppys Show nicht stattgefunden hat.

Gib schon zu, dass das ein genialer Plan ist.

13.35 Uhr

Ich bin jetzt stolzer Besitzer eines Skateboards. Und sollte jemals ein Preis für das rostigste Skateboard der Welt verliehen werden, ist meinem ein Platz auf dem Siegertreppchen sicher.

Aber das macht nichts – denn man sieht den Rost erst, wenn man es sich von Nahem anschaut.

18.00 Uhr

Ich habe mir auf YouTube die ganzen verrückten Stunts angeschaut, die man auf Skateboards machen kann. Ich bin mir nicht sicher, ob ich das bis Montag so gut draufhaben werde. Aber morgen gehe ich in den Park und übe. So schwer kann das ja nicht sein. Schließlich habe ich in meinem Zimmer eine Urkunde hängen, die bescheinigt, dass ich einen Kilometer schwimmen kann. Schwimmen und Skateboarden – das ähnelt sich schon irgendwie. Gewissermaßen. Also, bei beidem bewegt man sich, nicht wahr?

Samstag, 4. Januar

Ich glaube, ich habe mir den Hintern gebrochen.

Außerdem habe ich am ganzen Körper blaue Flecken, größer als Tennisbälle. Immerhin ist es mir gelungen, fünf Sekunden lang aufrecht auf dem Board zu stehen, während ein Einjähriger auf einem Minifahrrad an mir vorbeigeflitzt ist.

Ich bin nach Hause gehumpelt und niemand hatte Mitleid mit mir. Meine Eltern halten mich für verrückt, weil ich fast mein ganzes Weihnachtsgeld dafür ausgegeben habe. Was soll's, ich habe das Ding unters Bett gepfeffert.

Damit ist das Thema Skateboarden für mich endgültig erledigt.

Sonntag, 5. Januar

Von wegen erledigt.

Maddy ist von ihrer Reise zurück und hat festgestellt, dass ich in einer Hinsicht ein richtiges Skateboard-Talent habe. Ich bin extrem gut darin, es zu tragen.

Maddy hat mir gerade dabei zugesehen, wie ich durch den Park schlendere, das Skateboard über die Schultern gelegt. Ich habe diese Haltung geübt und eine gewisse Lässigkeit ausgestrahlt. »Jetzt sieht es total überzeugend aus«, sagte sie.

Also werde ich genau so morgen in die Schule geschlendert

kommen, mit dem Skateboard lässig über den Schultern, während ich einen coolen Skatersong pfeife.

Bevor irgendjemand mich bitten kann, etwas auf dem Board vorzuführen, wird ein Lehrer es mir schon abnehmen und mir mehrere Tage Nachsitzen aufbrummen, weil ich so dreist war und auf dem Schulgelände Spaß haben wollte.

Aber mein neues, cooles Skater-Image wird mir – laut Maddy – noch jahrelang vorauseilen.

Weißt du was? Ich freue mich beinahe auf morgen.

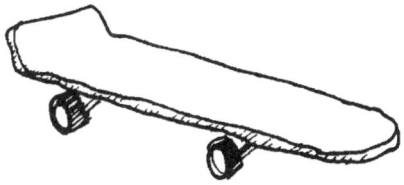

Mit dem Skateboard in die Schule

Montag, 6. Januar
7.20 Uhr

Mum kam gerade in mein Zimmer geplatzt und wollte wissen, was ich treibe.

Ich schälte mich langsam aus meiner warmen, kuscheligen Bettdecke. »Ich bin auf TikTok, Mum.«

»Das sehe ich, Luis. Aber wieso ausgerechnet jetzt?«

Was ist das denn für eine dumme Frage? Aber Mum stammt nun mal aus einer anderen Generation. Also erklärte ich ihr geduldig: »Junge Menschen überall auf der Welt sind genau jetzt auf Tik-Tok. Hier, schau dir das mal an. Ein Junge aus meiner Schule hat gestern Fußball gespielt. Da lief ein Hund aufs Spielfeld und kackte mittenrein einen riesigen Haufen. Hier, sieh dir das Monsterding an«, sagte ich und deutete aufgeregt auf den Bildschirm.

Mum schauderte es. »Nein, danke.«

»Aber wenn man so etwas sieht, ist man gleich viel wacher und munterer. Wirf doch einen kurzen Blick auf –«

»Hast du dein ganzes Zeug auf dem Boden liegen lassen, damit dein Vater es aufhebt?«, unterbrach sie mich.

»Er oder du. Ich bin da nicht wählerisch.«

Als Mum nicht lächelte, fügte ich hastig hinzu: »Das sollte ein Witz sein.«

»Luis, hör auf, diesen Mist anzusehen!« (Mist! Hat sie denn gar keine Ahnung? Das sind aktuelle Weltereignisse.) »Und heb bitte deine ganzen Sachen auf.«

Ich war immer noch total damit beschäftigt, diesen Befehl auszuführen, als schon der nächste folgte. »Und heute wirst du mal daran denken, dein Bett zu machen.«

Das nervt mich immer total. Ich bin der einzige Mensch, der je in meinem Bett schläft. Was kümmert es mich, ob ich es gemacht habe oder nicht? Und was geht das Mum überhaupt an?

»Ich weiß, dass du mich für eine riesige Nervensäge hältst«, fuhr Mum fort (ganz genau!), »aber dein Vater wird ab heute viel außer Haus sein, da er sich für drei Fortbildungskurse und den Kochkurs angemeldet hat.« Plötzlich lächelte sie. »Es ist wunderbar, ihn aufblühen zu sehen. Er ist wieder ganz der Alte, findest du nicht auch?«

Ich musste zugeben, dass sie recht hatte.

»Und er unterhält sich unheimlich gern mit dir«, sagte sie.

»Verständlich«, fand ich.

»Dann wirst du also Interesse an seinen neuen Beschäftigungen zeigen?«

»Ich werde ihn jeden Abend einen Fragebogen ausfüllen lassen«, meinte ich grinsend.

»Du könntest dir außerdem überlegen, wo du im Haushalt mitanpacken kannst«, sagte Mum.

»Könnte ich«, sagte ich unmotiviert. Wenn ich meine Sachen aufheben und obendrein das Bett machen sollte, war ich im Grunde schon komplett ausgelastet.

8.05 Uhr

Im Erdgeschoss sprang Dad herum wie ein freundlicher Labrador.

»Ein warmes Frühstück für dich, Luis«, verkündete er.

»Aber das wäre doch nicht nötig ...«, fing ich an.

»Ist überhaupt keine Mühe«, versicherte er.

»Nein, ich meinte, mir wäre es lieber gewesen, wenn du nichts gekocht hättest«, murmelte ich nur für mich hörbar, als ich den zusammengeschnurzelten Speck und das seltsamste Spiegelei sah, das mir je untergekommen war. Es wurde wirklich allerhöchste Zeit, dass Dads Kochkurs begann.

Als ich mich hinsetzte, erschien Elliot, der Zwerg, und schüttelte mitfühlend den Kopf. »Wenn du in die Schule gehst – also, ich würde heute nicht mit dir tauschen wollen.«

»Und ich würde an keinem Tag meines Lebens mit dir tauschen wollen.«

»Alle werden dich aufziehen, weil du nicht in Poppys Show aufgetaucht bist.«

»Du redest ja immer noch«, unterbrach ich ihn. »Wie schaltet man dich ab? Vielleicht mit einem gezielten Schlag.«

Elliot fing an zu kreischen, dabei hatte ich ihn noch nicht mal angerührt.

Dad kam angesaust. »Was ist los, Elliot?«

»Sein Töpfchen ist voll«, sagte ich. »Das ist alles.«

»Hört mal, Jungs.« Dad seufzte. »Ich bekomme mit, wie ihr euch ständig zofft. In unserer Familie pflegen wir einen netteren Umgangston.«

»Davon habe ich noch nichts gemerkt«, sagte ich.

»Oh doch, wir kümmern uns umeinander und helfen uns gegenseitig«, sagte Dad.

Dann ließ er eine Hand auf meine Schulter klatschen. »Wenn du nachher in die Schule gehst, wirst du dir ein paar Bemerkungen anhören müssen.«

»Eine Milliarde Bemerkungen«, sagte Elliot.

»Aber deine Kameraden« (Kameraden! Dad ist bestimmt der letzte Mensch im gesamten Universum, der noch dieses Wort verwendet.) »überraschen dich vielleicht, Luis, und erweisen sich angesichts deiner Enttäuschung als viel verständnisvoller, als du denkst.«

Es schockiert mich immer noch, wie wenig meine Eltern über mein Leben wissen. Der heutige Schultag würde zweifelsohne unglaublich grässlich werden, wenn ich nicht meinen genialen Plan hätte.

8.23 Uhr

Ich wartete, bis alle aus dem Haus waren, dann schlich ich mich wieder zurück. Ich glaube nicht, dass meine Eltern verstehen würden, wie lebenswichtig es für mich ist, heute ein Skateboard in die Schule mitzunehmen. Darum ist es besser, wenn sie es nicht wissen.

8.41 Uhr

Ich bin mit dem Skateboard über den Schultern durchs Schultor geschlendert und habe dabei cool und geheimnisvoll gepfiffen. Das klingt einfacher, als es ist, aber ich glaube, dass ich es gut hinbekommen habe.

9.05 Uhr

Danach bin ich zum Spielplatz getrottet. Carl, das Schandmaul, kam zu mir gelaufen und rief: »Du bist so ein Lügner. Du warst ja gar nicht im –« Er hielt inne. »Was machst du mit dem Skateboard?«

Ich lächelte beiläufig und sagte mit leiser, höchst geheimnisvoller Stimme: »Carl, ich bin jetzt ein Skater.«

Er starrte mich an. »Seit wann das denn?«

»Oh, schon seit Langem. Aber ich oute mich jetzt erst. Meine geheime Identität soll der Welt nicht länger vorenthalten bleiben.«

»Das ist ja total verrostet«, stellte er fest.

Ich setzte ein schockiertes Gesicht auf. »Dieses Skateboard ist wie ein alter Freund für mich, und meinen alten Freunden bleibe ich treu.«

Er sah mich weiter unverwandt an, halb ungläubig, halb fasziniert. Auch andere Schüler begannen, mich und mein Skateboard anzuglotzen. Und niemand erwähnte meinen gescheiterten Durchbruch als Fernsehstar. Wenn das kein Erfolg war.

Dann rief ein Junge: »Dann zeig uns doch mal dein Können.«

»Genau deswegen habe ich es ja dabei, um euch ein paar meiner Tricks zu zeigen«, sagte ich und hielt verzweifelt nach einem Lehrer Ausschau. Ich hob die Stimme. »Natürlich breche ich dabei unverfroren die Schulordnung, vor allem die Gesundheits- und Sicherheitsregeln.«

Dann rief ich noch einmal viel lauter: »Ich breche hier alle Gesundheits- und Sicherheitsregeln!« Spätestens jetzt hätten die Lehrer scharenweise herbeiströmen müssen – aber kein einziger ließ sich blicken. Stattdessen fand sich wie aus dem Nichts ein Pulk Schüler ein und umzingelte mich.

»Los, jetzt mach schon«, feuerte Carl mich an. Ich sah mich um. Noch nie im Leben hatte ich mich so danach gesehnt, einen Lehrer zu entdecken. Aber es war typisch: Wenn man mal einen brauchte, ließ sich keiner blicken.

Also hatte ich keine andere Wahl. Na gut, dachte ich, ich mache nur einen ganz kurzen Stunt. Das bekomme selbst ich irgendwie hin.

Ich warf den Kopf zurück, breitete die Arme aus, stieß mich ab und ...

Lass es mich so sagen: Man hinterlässt keinen bleibenden sportlichen Eindruck, wenn man mit dem Hintern auf dem Schulhof landet, nur Sekunden nachdem man sich auf ein Skateboard gestellt hat.

Erst als ich mich unter dem höhnischen Gelächter, das von allen Seiten auf mich einprasselte, wieder aufgerappelt hatte, erschien ENDLICH ein Lehrer. Als er mich mit sich zog, zischte ich: »Wieso hat das so lange gedauert? Die Disziplin an dieser Schule ist echt gehörig den Bach runtergegangen.«

16.08 Uhr

Als ich heimkam, waren Dad und Elliot schon da. Sie starrten beide das Skateboard in meiner Hand an.

»Was in aller Welt ...?«, begann Dad. Sein Mund stand offen wie ein Briefkasten.

»Ich hatte heute in der Schule mein Skateboard dabei«, erwiderte ich. Dann floh ich nach oben. Es ist tragisch, dass manchen Leuten nicht klar ist, wie schwer es ist, mit einem Skateboard cool auszusehen. Es richtig zu tragen, erfordert großes Können. Aber nein, sie bestehen darauf, dass man auch etwas damit vorführt.

Dank dieser Engstirnigkeit werde ich mich nie wieder mit einem Skateboard sehen lassen.

Die wandelnde Bazille

Dienstag, 7. Januar
16.00 Uhr

Wir standen vor dem Klassenzimmer, in dem wir gleich Erdkunde haben würden, als ich den Jungen vor mir beiläufig fragte: »Ist der Kaffeebohnen-Stinker heute wieder da?«

Der Junge warf mir einen sehr seltsamen Blick zu. Da fand ich den Grund dafür heraus. Der Kaffeebohnen-Stinker stand direkt hinter mir. Nein, das war wirklich nicht der beste Start in den Tag.

Aber das entschuldigt noch nicht das Benehmen des Kaffeebohnen-Stinkers beim Anblick meiner Erdkundebücher. Echt jetzt, so wie er aus dem Mund zu schäumen begann, war ich drauf und dran, einen Notarzt zu rufen.

Immerhin gelang es mir, ruhig Blut zu bewahren, als ich ihm erklärte, dass in dem ganzen Weihnachtstrubel meine Erdkundebücher versehentlich im Müll gelandet waren. Nachdem ich sie gerettet hatte, waren sie in einem so üblen Zustand, dass ich ihnen sogar einen neuen Einband verpasst hatte. Ich lächelte an dieser Stelle tugendhaft, damit der Kaffeebohnen-Stinker Gelegenheit hatte, meine Arbeit zu bewundern.

Stattdessen herrschte er mich an: »Du erwartest doch nicht ernsthaft, dass ich das benote?«

Das war mir ehrlich gesagt ziemlich egal. Aber ich tat so, als wäre ich zutiefst erschüttert. Und ich versicherte ihm, dass das Buch mit den Übungsaufgaben bestimmt nur noch ein ganz kleines bisschen stank. Doch noch während ich das sagte, schleuderte er es zu Boden. Er führte sich auf wie ein Wahnsinniger.

Tja, nun musste ich nicht nur das Buch aufheben – ich soll auch noch die kompletten Lösungen aus dem alten Erdkundebuch in ein nagelneues übertragen, das er mir quer durchs Klassenzimmer zuwarf. Dabei verpasste er nur knapp meinen Kopf.

Wenn ich das gemacht hatte, sagte er, würde er entscheiden, ob er es benoten würde oder nicht.

Ich finde, sein Verhalten war absolut indiskutabel. Aber das behielt ich lieber für mich, denn sein Gesicht hatte einen ungesunden Rotton angenommen. Und ich wollte nicht, dass er meinetwegen seinen letzten Schnapper tat.

Findest du nicht auch, dass ich viel zu gutmütig bin?

16.09 Uhr

Auf dem Heimweg dachte ich darüber nach, wie das letzte Jahr geendet und wie das neue Jahr begonnen hatte. Einige Tage waren entsetzlich gewesen. Andere das absolute Grauen.

Ich war ein Verlierer auf der ganzen Linie. Aber das passt gar nicht zu mir. Ich bin ein Junge mit großem komischem Potenzial. Ich bin Luis, die Lachnummer. Daran sollte ich immer denken.

19.20 Uhr

»Na, wie laufen deine Kurse so?«, fragte ich Dad und zeigte großes Interesse, genau wie ich es Mum versprochen hatte.

»Sie laufen echt prima«, sagte Dad.

»Toll«, sagte ich. Damit war das Thema für mich erledigt. Ich hatte meine gute Tat für heute getan.

Aber Dad setzte sich neben mich und redete einfach weiter. »Ein Kurs ist besonders interessant«, sagte er. »Er heißt *Glücklichere Familien.*«

»Ich kann dir sagen, wie du ganz leicht eine glücklichere Familie haben kannst«, erwiderte ich. »Gib deinem Sohn mit sofortiger Wirkung eine kräftige Taschengelderhöhung.«

»Und der Lehrer, Digby, ist unglaublich ermutigend …«, fuhr Dad fort.

»Digby?«, unterbrach ich ihn. »Ich habe mal einen Film mit einem Digby gesehen. *Digby, der größte Hund der Welt.* Vermutlich nicht mit deinem Lehrer verwandt.«

Aber Dad hörte mir überhaupt nicht zu. Er war nicht mehr zu bremsen. »Digby hat gesagt, dass sein Kurs für uns eine echte Herausforderung sein wird, weil wir uns den harten Fragen des heutigen Lebens stellen werden.«

Dad liebt nichts so sehr, wie über den Sinn des Lebens zu philosophieren, vor allem seit er seinen Job verloren hat.

Darum sprang ich auf und sagte: »Das klingt toll. Weiter so.«

Dad war aber noch lange nicht fertig. »So knifflige Fragen wie: *Welche Auswirkungen haben die Medien und die ständige Erreichbarkeit auf unser Sozialleben, besonders innerhalb der Familie und …*«

Ich will dich damit nicht weiter langweilen. Nur so viel: Ich musste mir das stundenlang anhören. Irgendwie gelang es mir, dabei wach zu bleiben und sogar hin und wieder zu nicken. Damit habe ich meine gute Tat gleich für die ganze Woche erledigt. Wenn nicht sogar für den ganzen Monat.

20.15 Uhr

Ich habe Maddy erzählt, was in der Stunde mit dem Kaffeebohnen-Stinker passiert ist. Ich habe es ein bisschen ausgeschmückt, damit es witziger rüberkam. Aber sie hat kaum gelacht. Und als sie doch lachte, klang es gekünstelt. (Ich bin schließlich Experte, wenn es ums Lachen geht.)

Und noch etwas: Ich konnte spüren, dass sie das Gespräch möglichst schnell beenden wollte. Meinst du ... oh, ich wage kaum, es aufzuschreiben. Aber ich überwinde mich.

Meinst du, Maddys Gefühle für mich kühlen bereits ab?

Mittwoch, 8. Januar
20.05 Uhr

Maddy scheint vergessen zu haben, dass sie bei uns zum Essen eingeladen ist. »Ich soll am Donnerstag zu euch kommen?«, murmelte sie, als wäre sie in einer Art Trance.

»Ja, du kommst doch, oder?«, wollte ich wissen.

»Klar. Es war mir nur kurz entfallen.«

»Wir haben uns für Donnerstagabend entschieden, damit meine Eltern nicht so viel Getue deswegen veranstalten. Wenn wir den Freitag genommen hätten, wären sie womöglich auf die Idee verfallen, eine Blaskapelle einzuladen und ...«

»Ist schon in Ordnung, Luis, ich weiß es jetzt wieder und freue mich darauf.«

»Lügnerin«, sagte ich prompt.

Sie lachte unangenehm berührt.

»Es ist nur ...«

»Ja?«

»Egal, ich muss auflegen.« Und genau das tat sie dann auch.

20.50 Uhr

Maddy entliebt sich langsam, aber sicher, habe ich recht?

Ich schätze, ich kann es ihr nicht verübeln.

An Heiligabend hätte ich entdeckt werden sollen. Eine Welt voller Ruhm und Gelächter erwartete mich. Dadurch wäre ich glamourös wie ein Star. Alle Mädchen stehen auf so was.

Aber jetzt ist meine Karriere komplett zum Erliegen gekommen. Ich kann nicht mal mehr ordentlich einen Witz erzählen.

Kein Wunder, dass sie in Gedanken ganz woanders ist, wenn sie mit mir redet.

Maddy denkt bereits an einen anderen.

An Edgar.

Das muss es sein. Erst heute Abend habe ich sein neuestes Gedicht in der Lokalzeitung gelesen. Und das nächste wurde auch schon angedroht.

Er hat Erfolg auf der ganzen Linie.

20.52 Uhr

Wenn ich daran denke, dass sie mich an Silvester dreimal geküsst hat.

Mädchen sind so wankelmütig.

20.54 Uhr

Aber ich werde Maddy nicht so leicht aufgeben.

Morgen werde ich ihr zeigen, dass ich es immer noch verdient habe, ihr Freund zu sein, auch wenn ich ansonsten zu gar nichts mehr gut bin.

Donnerstag, 1. Januar
17.10 Uhr

Als ich in die Küche kam, stürzten sich Mum und Dad wie die Geier auf mich. Dad grinste. »Da ist er ja.«

»Ein bisschen nervös, vermute ich«, gurrte Mum, »aber auch gespannt.«

»Mum, Maddy ist schon neun Millionen mal hier gewesen.«

»Aber nicht als deine Freundin, die bei uns zum Essen eingeladen ist«, sagte Mum.

»Keine Sorge«, sagte Dad, »wir werden sie herzlich empfangen und ihr sagen, dass sie ein fröhlicher Familienabend erwartet.«

»Wenn du das tust, rennt sie vermutlich weg.« Dann gab ich ihnen noch einen guten Rat. »Es wird das Beste sein, wenn ihr euch heute Abend gar keine große Mühe gebt und die Unterhaltung auf das absolute Minimum beschränkt.«

»Wie wäre es, wenn wir Maddy einfach nur hin und wieder zuwinken?«, fragte Mum.

»Ja, das könnte funktionieren ...«, begann ich, dann wurde mir klar, dass Mum es nicht ernst gemeint hatte.

Mum fuhr in verletztem Ton fort: »Dein Dad und ich haben uns sehr ins Zeug gelegt, um für Maddy etwas Besonderes zu kochen.«

»Deine Mum hat das meiste geleistet«, sagte Dad, »aber im Kuchen steckt auch ein Stück von mir drin.«

»Iiih, welches Stück?«, fragte Elliot, der hereingesprungen kam. »Denn das esse ich bestimmt nicht.«

»Elliot, das ist sehr unartig«, sagte Mum. Anstelle einer Antwort ließ Elliot ein gewaltiges Niesen los. Der Rotz flog quer durch die Küche.

»Elliot, bitte! Nicht hier drin, wenn ich Essen zubereite«, ermahnte ihn Dad.

»Aber ein Niesen kann man nicht unterdrücken«, verteidigte sich Elliot.

»Er wird in seinem Zimmer essen müssen«, sagte ich. »Wir können Maddy nicht seinen ganzen Viren aussetzen.«

»Bist du erkältet?«, fragte Mum.

»Oh ja«, sagte Elliot stolz. Dann nieste er noch mal, mir direkt ins Gesicht!

»Das ist ja ekelhaft!«, schrie ich. »Der hat mich komplett vollgerotzt! Ich bringe ihn um, das sage ich euch.« Elliot huschte aus der Küche und ich wollte hinterher.

»Nein, Luis, reg dich ab und überlass das mir«, sagte Mum bestimmt.

Ich rief ihr nach: »Es kommt überhaupt nicht infrage, dass diese wandelnde Virenfalle heute Abend mit Maddy und mir zusammen isst.« Dann fragte ich Dad: »Hab ich noch irgendwo Rotze?«

Dad sah mich an. »Nur ein bisschen über deinem Mund.«

»Bah, das ist widerlich«, rief ich und wischte es weg.

»Nicht in der Küche«, sagte Dad.

»Ist doch egal. Hier wimmelt es nur so von Keimen. Und jetzt muss ich mein Gesicht schon wieder waschen, wo ich es doch letzte Woche erst gewaschen habe.«

17.53 Uhr

Ich habe gehört, wie Mum in ihrer ganz leisen Stimme mit Elliot sprach. Er hat sich dabei immer wieder heftig geschnäuzt. Dann kam sie zu mir ins Zimmer. »Elliot hat eine ganz fiese Erkältung«, sagte sie, als würde mich das interessieren.

»Er ist einverstanden, heute Abend nicht mit uns zu essen«, fuhr sie fort. »Ich bringe ihm ein Tablett in sein Zimmer.«

»Ausgezeichnet!«, rief ich. »Wie wäre es, wenn wir das generell so einführen würden?«

»Aber ich habe ihm gesagt, dass er runterkommen und Maddy begrüßen darf.«

»Warum?«, fragte ich.

»Weil er auch zur Familie gehört«, sagte Mum entschieden. »Wie auch immer, du siehst schick aus, Luis.«

»Das ist bestimmt der Glanz der Rotze auf meinem Gesicht.«

»Du bist doch nicht aufgeregt wegen heute Abend, oder?«

»Nein«, sagte ich sofort.

»Es kam mir nur so vor, als wärst du etwas angespannt.«

Es wunderte mich, dass Mum es bemerkt hatte.

Und ja, ich war angespannt. Maddy hatte in letzter Zeit so seltsam geklungen. Da ist ganz entschieden etwas im Busch. Aber ich gebe nicht auf.

Ich werde sie heute Abend zurückerobern – irgendwie.

18.15 Uhr

Als Dad rief: »Maddy kommt die Straße entlang«, lief ich die Treppe hinunter und öffnete die Haustür. Sie radelte gerade in die Einfahrt.

Ich rief nur: »Hey Maddy!«, aber sie verlor daraufhin die Kontrolle über ihr Fahrrad und landete unsanft im Gras.

Ich eilte zu ihr, und auch Mum und Dad kamen aus dem Haus gerannt, während Elliot aus dem Fenster rief: »Lebt sie noch?«

Maddy sagte zwar sofort: »Alles in Ordnung, mir geht's gut«, aber dabei zuckte sie zusammen und verzog schmerzvoll das Gesicht. Ihr rechter Knöchel blutete.

Ich zog das Fahrrad von ihr herunter und half ihr langsam auf.

Elliot war jetzt auch rausgekommen und hatte nichts Besseres zu tun, als Maddy zweimal anzuniesen. Na toll, dachte ich. Sie hat noch keinen Fuß in unser Haus gesetzt und humpelt schon. Wer weiß, welche Leiden sie hier als Nächstes befallen werden.

Maddy stützte sich schwer auf mich und humpelte ins Haus. Ich half ihr ins Wohnzimmer, wo sie aufs Sofa plumpste. Mum legte an ihrem Knöchel einen Verband an und sagte, sie solle sich am besten ein wenig ausruhen. Dad brachte ihr eine Tasse Tee.

Nachdem sie wieder draußen waren, sagte sie:»Ich sehe bestimmt furchtbar aus.«

»Nein, überhaupt nicht, versicherte ich.

»Wirklich?« Da wusste ich sofort, dass sie noch mehr von mir hören wollte. Weißt du, ich kenne mich mit Mädchen ein bisschen aus.

Mit einem irre charmanten Lächeln sagte ich:»Du hast dich geschminkt, nicht wahr?«

Sie nickte.

»Das ist mir aufgefallen, denn du siehst damit viel besser aus. Damit will ich nicht sagen, dass du vorher nicht auch schon toll ausgesehen hättest«, fügte ich hastig hinzu. »Aber jetzt siehst du sogar noch ein klein wenig toller aus. Du kannst dein Gesicht also gerne weiterhin mit Schminke zukleistern.«

Mit einem Mal lachte sie, und schon war die Stimmung viel entspannter.»Witzig, dass du einfach so vom Rad gefallen bist«, sagte ich.

»Das ist mir zum letzten Mal passiert, als ich etwa zwei war«, erwiderte sie.

»Anscheinend hat es dich aus der Bahn geworfen, als ich zur Tür rauskam«, sagte ich halb im Scherz.

Mit einem Mal sah Maddy aus, als würde sie gleich in Tränen ausbrechen.

Ich ging in die Hocke. »Hey, was ist los?«

»Alles – und ich wollte es dir auf keinen Fall erzählen.«

»Was erzählen?«

Ich war jetzt ernstlich beunruhigt.

Sie zögerte. »Oh Luis, ich weiß nicht, wie ich es dir schonend beibringen soll.«

Mein Herz raste. Sie hat wirklich vor, mit mir Schluss zu machen. Darum hat mein Anblick sie aus dem Gleichgewicht gebracht. Sie wusste, wie sehr mich das mitnehmen würde.

»Sag es einfach, Maddy.«

Doch bevor sie auch nur den Mund aufmachen konnte, erschienen Mum und Dad. »Es ist alles fertig«, sagte Mum, »aber wenn du magst, kann ich es auch hierher bringen.«

»Das macht überhaupt keine Umstände«, fügte Dad hinzu.

»Nicht nötig, es geht mir schon besser«, sagte Maddy sofort. Während sie sich mühsam aufrichtete, formte sie in meine Richtung lautlos die Worte: »Ich erzähle es dir später.«

19.10 Uhr

Wie lange wird sich dieses grässliche Essen noch hinziehen? Es dauert doch schon mehrere Trillionen Jahre. Und wie soll ich unter diesen Umständen überhaupt einen Bissen hinunterbringen?

Maddy hatte vielleicht schon seit Ewigkeiten vor, mit mir Schluss zu machen, aber sie wollte damit wahrscheinlich lieber bis nach Weihnachten warten. Kein Wunder, dass ich mich so durch und durch mies fühle. Und Bauchkrämpfe habe ich obendrein.

Dabei hat sie es mir noch gar nicht gesagt.

Maddys schockierende Neuigkeit

19.25 Uhr

Sobald die Nachspeise abgeräumt war, ging Maddy wieder ins Wohnzimmer, um sich auf dem Sofa auszustrecken. Ich lief eine Weile unruhig auf und ab, dann beschloss ich, es hinter mich zu bringen. »Ich weiß, was du mir sagen willst.«

Maddy nickte betrübt. »Dann hat meine Mum dich wohl angerufen?« Bevor ich etwas erwidern konnte, redete sie schnell weiter. »Sie wusste, wie sehr es mir davor graust, es dir zu beichten, und sie dachte, es könnte helfen, wenn du etwas über die Umstände weißt …«

Ich war außer mir und blieb direkt vor ihr stehen. »Du hast das also mit deiner Mum besprochen?«

»Natürlich.«

»Auch mit deinem Dad?«

»Nun, es war im Grunde seine Entscheidung.«

»Was!«, rief ich.

»Obwohl Mum auch etwas zu sagen hatte.« Dann fügte sie hinzu: »Kannst du dir vorstellen, wie furchtbar das für mich ist?«

Für sie!

»Für mich ist es auch ziemlich übel«, sagte ich.

»Ich weiß.« Sie sah mich traurig an. »Und ich wünschte, Mum hätte dich nicht angerufen. Ich wusste, das würde es nicht besser machen.«

»Sie hat gar nicht angerufen.«

»War es Dad?«

»Nein.«

»Woher wusstest du es dann?«

Ich sah stirnrunzelnd auf sie runter. »Du unterschätzt mich, Maddy. Ich bekomme mehr mit, als du denkst. Es ist schlichtweg offensichtlich. Aber was haben sie überhaupt gegen mich?«

»Gegen dich?«, fragte Maddy leise. »Nichts.«

»Warum haben sie dir dann gesagt, dass du mit mir Schluss machen sollst?«

Maddy setzte sich auf. »Luis, wovon redest du überhaupt?«

»Über das, worüber du auch redest – glaube ich.«

Sie beugte sich vor. »Mein Dad wurde von einer anderen Firma abgeworben. Er sagt, es wäre die Chance seines Lebens. Es geht um einen neuen Job in den USA und wir werden in –«

»Dann machst du also gar nicht mit mir Schluss?«, unterbrach ich sie.

»Nein, warum sollte ich das denn tun?«

»Ich weiß nicht. Aber nur zur Sicherheit: Es ist wirklich nicht aus?«

»NEIN! NEIN! NEIN!«, rief sie.

»Was für eine Erleichterung. Du ahnst gar nicht, wie froh ich bin«, fing ich an. Dann machte ich eine Pause. »Warte mal, hast du gerade gesagt, dass ihr in die USA ziehen werdet?«

»Ja, und zwar schon in ein paar Wochen. Am 10. Februar.«

Mission: Rettet Maddy

19.25 Uhr (Fortsetzung)

Die Neuigkeit traf mich wie ein Messerstich. Ich setzte mich, stand wieder auf. Ich war schockiert und sprachlos vor Entsetzen.

»Ich weiß es schon seit ein paar Tagen«, sagte Maddy, »aber ich wollte es dir nicht am Telefon erzählen. Am liebsten hätte ich es dir überhaupt nicht gesagt.« Sie stockte kurz. »Darum hat meine Mum angeboten, mir zu helfen und dich anzurufen, um dir zu sagen, was für eine unglaublich tolle Chance das für meinen Dad ist. Und dass ihnen die Entscheidung, in die USA zu ziehen, nicht leichtgefallen ist. Ich meine, wir schaffen es vermutlich nicht mal, vor unserer Abreise unser Haus zu verkaufen. Aber die Firma übernimmt alle Umzugskosten und besorgt uns außerdem eine Wohnung in …« Sie hielt inne. »So still habe ich dich noch nie erlebt, Luis … sag doch etwas.«

»Du gehst nicht fort.«

»Ich möchte ja auch gar nicht, denn ich werde meine Freunde alle so sehr vermissen. Irgendwie werde ich sogar meine Schule vermissen … und außerdem bin ich inzwischen ein großer Fan von dir.«

»Ich bin auch ein großer Fan von dir«, sagte ich. »Darum lasse ich dich nicht gehen. Wir leben doch nicht mehr im Mittelalter. Deine Eltern können dich nicht zwingen, mit ihnen mitzukommen – besonders dann nicht, wenn du woanders wohnen kannst.«

»Meine Schwestern bleiben beide hier«, sagte Maddy.

»Da haben wir doch schon die Lösung«, erwiderte ich sofort.

»Sie sind jetzt an der Uni. Ich habe stundenlang mit beiden telefoniert und sie angefleht, mich bei ihnen wohnen zu lassen.«

»Und was haben sie gesagt?«, fragte ich.

»Sie konnten mich gut verstehen, aber sie meinten, es sei trotzdem völlig unmöglich.« Maddy seufzte. »Dann habe ich überlegt, ob ich weglaufen soll. Aber ich glaube, dafür bin ich nicht der Typ.«

»Nein, wirklich nicht«, pflichtete ich ihr bei. »Aber, Maddy, du hast die naheliegende Lösung übersehen.« Triumphierend lächelte ich sie an. »Du kannst hier einziehen.«

Ihre Augen weiteten sich. »Aber würde das deinen Eltern nichts ausmachen?«

»Oh nein, ich wette, sie haben sich immer schon gefragt, wie es wohl wäre, eine Tochter zu haben. Jetzt können sie es herausfinden. Das wäre eine lehrreiche Erfahrung für sie.«

»Aber ihr habt gar kein Zimmer frei«, sagte Maddy.

Das war allerdings ein Problem. Ich dachte kurz nach. »Maddy, lass dich von meinem rasiermesserscharfen Verstand verblüffen.«

»Nur zu.«

»Du bekommst das Zimmer meines kleinen Bruders.«

»Und wo soll er dann schlafen?«

»Ich werde mein Zimmer mit ihm teilen.«

»Damit wird er niemals einverstanden sein«, behauptete sie.

»Du hast die Rechnung ohne mein gerissenes Talent gemacht. Ich werde ihn schon irgendwie überreden. Es wird nicht leicht werden, aber ich schaffe das. Und sobald er einverstanden ist, haben wir ein komplettes Zimmer frei. Danach sage ich meinen Eltern, dass du nach einer Möglichkeit suchst, hier in der Gegend zu bleiben. Übrigens, deine Eltern werden doch sicher ein bisschen Miete für dich zahlen.«

»Ganz bestimmt.«

»Tja«, sagte ich, »ein Zusatzeinkommen ist genau der richtige Anreiz, da mein Dad immer noch arbeitslos ist ...«

»Aber glaubst du wirklich, dass du es in einem Zimmer zusammen mit deinem Bruder aushalten könntest?«

Ich erwog das. »Ich würde es für niemand anderen tun – aber ja, ich werde es aushalten. Wir müssen die Sache allerdings sehr schlau angehen. Meine Eltern sollen noch nicht wissen, dass du gezwungen wirst, in die USA zu ziehen. Warte mit der Ankündigung lieber, bis das Zimmer frei ist, und dann werde ich sie davon in Kenntnis setzen, dass du einziehen möchtest, und ihnen den Grund nennen.«

»Ich halte das auch für das Beste«, stimmte Maddy mir zu.

Wenige Minuten später kam Maddys Dad. Zum Glück unterhielt er sich nur kurz mit meinen Eltern, und zwar ausschließlich über Maddys Unfall.

Erst als sie ins Auto stieg, wandte sich ihr Dad an mich: »Maddy hat dir sicher die aufregende Neuigkeit erzählt.«

»Ja, sie hat mir die Neuigkeit erzählt«, sagte ich gelangweilt.

»Ich weiß, dass ihr in Kontakt bleiben werdet«, versprach er gut gelaunt. »Es ist wirklich ein großes Abenteuer für uns alle.« Dann stieg er ins Auto.

Es schien ihn kein bisschen zu kümmern, dass er Maddys und mein Leben komplett ruiniert hatte. Sein Egoismus war kaum auszuhalten.

Ich flüsterte Maddy zu: »Keine Sorge, du ziehst nirgendwohin.«

»Nein, oder?«

Dann griff sie nach meiner Hand und drückte sie ganz fest.

19.10 Uhr

Ich lag auf meinem Bett und grübelte darüber nach, wie ich Maddy retten konnte, als Mum und Dad hereinplatzten. Sie hockten sich aufs Bett und machten todernste Gesichter.

»Luis«, sagte Mum, »uns ist beim Essen mit Maddy nicht entgangen, dass du in Gedanken ganz woanders warst.«

Na klar war ich in Gedanken woanders gewesen. Ich war schließlich der festen Überzeugung gewesen, dass Maddy danach mit mir Schluss machen wollte.

»Darum haben wir uns gefragt, ob dich etwas beunruhigt«, sagte Dad.«

Ich wollte schon sagen: »Nein, verzieht euch«, als eine Idee in meinem Kopf Gestalt annahm.

Also schluckte ich stattdessen. »Nun, da gibt es wirklich etwas.«

Augenblicklich beugten Mum und Dad sich vor.

»Erzähl es uns in aller Ruhe«, sagte Dad.

»Nun, es geht um Elliot.« Ich senkte die Stimme. »Wie schwer ist seine Krankheit?«

»Aber er ist doch gar nicht krank«, sagte Mum. »Er hat nur eine fiebrige Erkältung.«

»Ihr meint also nicht, dass ihr den Arzt rufen solltet?«, fragte ich.

»Wozu denn?«, wollte Mum wissen.

»Nur um ganz sicherzugehen«, sagte ich.

Mum starrte mich an, als würde ich plötzlich in einer Fremdsprache reden.

»Ich weiß, dass es den Anschein hat, Elliot und ich würden uns ständig streiten«, fuhr ich fort.

»Stimmt«, sagte Mum.

»Aber er und ich – wir reden viel miteinander.« Ich erwärmte mich immer mehr für die Rolle als Elliots fürsorglicher älterer Bruder. »Ich bin echt froh, dass der kleine Kerl nichts Ernstes hat.« Es folgte eine verblüffte Stille, dann sprang Dad auf. Er wirkte plötzlich zehn Jahre jünger. »Weißt du was, ich habe immer schon vermutet, dass sich hinter diesem ganzen … dieser ganzen …«

»Freundlichen Neckerei«, schlug ich vor.

Dad nickte. »Dass du und dein Bruder euch wirklich gernhabt. Du möchtest Elliot nicht zufälligerweise …?«

»Was, Dad?«, fragte ich.

»… eine heiße Zitrone bringen?«

»Dad«, sagte ich und bemühte mich dabei, zutiefst aufrichtig zu klingen. »Das würde ich liebend gerne tun.«

Die Mission *Rettet Maddy* war gestartet.

20.50 Uhr

Elliot machte ein skeptisches Gesicht, als ich mit der heißen Zitrone in sein Zimmer kam.

»Wie geht es dir?«, erkundigte ich mich.

»Kann dir doch egal sein.«

»He, nun sei doch nicht so«, sagte ich, stellte die Tasse ab und holte aus, um ihm kumpelhaft durch die Haare zu strubbeln.

»Schlag mich nicht«, schrie er.

»Als ob ich so etwas tun würde, wo ich mir doch solche Sorgen um dich gemacht habe.«

In diesem Augenblick ließ Elliot ein ohrenbetäubendes Niesen los. Es explodierte über das Bett und meine Hand. Elliot brach in schallendes Gelächter aus, als Rotzetröpfchen auf meiner rechten Hand glänzten.

»Ha, ha«, sagte ich und schnickte den Schnodder auf den Teppich. »Volltreffer.« Ich schaffte es sogar, mir ein Lächeln abzuringen.

»Auf jeden Fall hoffe ich, dass es dir bald besser gehen wird, denn ohne dich ist es unten so still«, sagte ich.

Elliot starrte mich misstrauisch an. »Warum benimmst du dich so seltsam?«

»Tue ich gar nicht.«

»Tust du doch!«, rief er. »Und jetzt raus hier, du jagst mir Angst ein. Weg, raus mit dir!«

Das würde schwerer werden, als ich erwartet hatte.

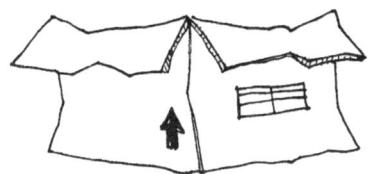

Mein messerscharfer Verstand

Freitag, 10. Januar
17.10 Uhr

Ich habe gerade zwanzig Minuten im Zimmer meines kleinen Bruders verbracht. Jetzt fühle ich mich, als wäre jemand auf meiner Nase herumgetrampelt.

Ich meine, Mum findet ja, in meinem Zimmer würde es seltsam riechen, aber das ist der ganz normale Jungsmief. Elliots Zimmer muffelt nach alten Fürzen, Käsefüßen und Kotze. Und das sind noch die angenehmsten Gerüche.

Abgesehen vom Gestank lag Elliot die ganze Zeit, während er mit mir sprach, da und bohrte in seiner Nase. Aber selbst davon ließ ich mich nicht abschrecken. Meine Freundin war mir das Opfer wert.

»Elliot, wie fühlst du dich?«, fragte ich vor gespielter Besorgnis triefend.

»Schrecklich.«

Ich setzte mein traurigstes Gesicht auf. »Das tut mir leid. Soll ich

50

dir etwas zu trinken oder zu essen holen? Ich könnte auch für dich schnäuzen. Das Letzte sollte übrigens ein Witz sein.«

Elliot warf mir einen äußerst misstrauischen Blick zu. »Warum benimmst du dich so?«

»Wie denn?«

»Als ob du dir Sorgen um mich machen würdest.«

»Die mache ich mir ja auch.«

Elliot lachte schnaubend.

»Nein, ich bin schließlich dein großer Bruder. Du bewunderst mich ...«

Daraufhin musste Elliot so heftig lachen, dass er einen Hustenanfall bekam.

»Nein, mir liegt wirklich etwas an dir. Und um es zu beweisen, darfst du dir von mir etwas leihen, egal was, um damit dein düsteres Dasein aufzuhellen.«

Elliots Augen begannen zu funkeln. »Darf ich mir dann dein iPhone leihen?«

»Mein iPhone?«, fragte ich mit leiser, zitternder Stimme. Elliot durfte noch keines haben. Er besaß lediglich ein Tablet. Das nervte ihn tierisch. Er behauptete, er wäre der einzige Junge in seiner Klasse, der noch kein iPhone besaß.

»Ja, genau das wünsche ich mir.«

»Gibt es nichts anderes, das du lieber haben möchtest?«, fragte ich hoffnungsvoll.

»Nein, ich will mir dein iPhone leihen, nichts sonst.«

Ich schaffte es irgendwie – frag mich nicht, wie –, mit meiner immer noch leisen, zitternden Stimme zu keuchen: »Also gut.«

»Wirklich?«, wunderte sich Elliot.

»Du bist mein kleiner Bruder, für den ich alles tun würde. Also kannst du es dir leihen. Aber nur für heute Abend.«

»Bekomme ich es gleich?«

»Ja. Sicher. Ich weiß, dass du gut darauf aufpassen wirst.«

»Ganz bestimmt«, versprach Elliot.

Ich ging es holen, und als ich gerade damit in Elliots Zimmer kam, schaute Dad rein. »Luis hat mir erlaubt, mir sein iPhone auszuleihen«, jubelte Elliot aufgeregt.

»Aber nur heute und nur für ganz kurz«, presste ich hervor.

»Das ist ja so lieb von dir, Luis«, sagte Dad.

»Dafür sind Brüder schließlich da, was?«, raunte ich.

Schwitzend und mit rotem Gesicht stand ich vor seinem Zimmer, benebelt von dem Gestank und entsetzt von der Vorstellung, dass Elliot meinem iPhone mit seinen dicken, ungeschickten Fingern auch nur in die Nähe kam.

17.15 Uhr

Unten in der Küche war Dad immer noch voll des Lobes über meine Großzügigkeit.

»Weißt du, was mich daran besonders begeistert?«

»Nein, sag es mir, Dad.«

»Dass du und Elliot euch endlich vertragt.«

»Ja, das tun wir«, versicherte ich.

»Und ihr denkt wie ein Team«, fuhr Dad fort.

»Das kann man wohl sagen.«

»Ohne diese ganzen kleinlichen, unvermeidlichen Streitereien«, sagte Dad, »wird das Familienleben doch zu etwas ganz Besonderem, weil wir uns auf das konzentrieren, was uns verbindet. Nur das ist es, was wirklich zählt. Der Familiensinn.«

Ich tat so, als würde ich über diesen Quatsch ernsthaft nachdenken, bevor ich langsam sagte: »Ich glaube, du hast recht, Dad. Und weißt du was, ich werde versuchen, mir deine Worte zu merken.«

Dad strahlte mich an. »Ich habe mich übrigens gefreut, Maddy gestern zu sehen. Richte ihr doch bitte aus, dass sie bei uns jederzeit willkommen ist, ja?«

»Jederzeit«, wiederholte ich aufgeregt. »Und kann sie bleiben, solange sie möchte?«

»Aber sicher«, sagte Dad. »Ich möchte, dass Maddy sich bei uns richtig zu Hause fühlt.«

Jetzt strahlte ich auch.

17.45 Uhr

Ich habe Maddy gerade wörtlich wiederholt, was Dad gesagt hat.

»Aber meinte er damit, dass ich mehrere Monate oder sogar Jahre bei euch bleiben könnte? So lang möchte er mich vielleicht nicht bei sich haben.«

»Du vergisst etwas, Maddy«, antwortete ich. »Du wächst den Menschen schnell ans Herz.«

»Oh ja«, stimmte sie zu. »Das hatte ich vergessen.«

Samstag, 11. Januar
9.50 Uhr

Ich bin wieder bei meinem Bruder. Diesmal falle ich von dem Gestank fast in Ohnmacht – und weil ich dabei auch noch so abstoßend nett zu ihm sein muss. Er soll den Morgen wieder im Bett verbringen. Und er möchte sich WIEDER mein iPhone leihen.

Irgendwie bringe ich mit zusammengepressten Zähnen heraus: »Aber natürlich, Kleiner, du kannst es dir noch ein letztes Mal leihen.«

Elliot schnappt mir das iPhone aus der Hand und fragt: »Bekommst du gerade einen Nervenzusammenbruch?«

»Ha, ha«, lache ich.

»Mich würde das nicht stören«, sagt er. »Es ist mir sogar lieber, wenn du verrückt bist.«

16.00 Uhr

Endlich habe ich mein iPhone zurückbekommen. Elliot hat den Klingelton geändert. Er hat haufenweise alberne Spiele draufgeladen und alle möglichen Sachen von mir gelöscht.

Ich lasse ihn nicht mehr in die Nähe meines iPhones.

NIE WIEDER.

Zum Glück starte ich morgen Phase zwei der Mission *Rettet Maddy*.

Sonntag, 12. Januar
10.05 Uhr

Ich schaute bei Elliot vorbei. »Na, wie geht es dir, Kumpel?«

Er saß im Bett. »Du bist also immer noch seltsam«, sagte er, lächelte mich dabei aber zum ersten Mal ansatzweise an. »Angeblich kann ich morgen wieder zur Schule gehen.«

»Was für eine Schande.« Ich kramte eine uralte Erinnerung hervor. »Weißt du noch, in unserem alten Haus? Da haben wir die Fahrräder genommen und gemeinsam Abenteuer erlebt, nur wir zwei?«

»Ja«, sagte er verhalten.

»Wir kämpften uns durch den Wald und stellten uns vor, dass wir von einem menschenfressenden Geist gejagt würden.«

»Du hast gesagt, dass die Welt bald von menschenfressenden Geistern beherrscht sein würde«, erinnerte sich Elliot, »und ich hatte solche Angst, dass ich vom Rad fiel.«

»Das waren glückliche Zeiten. Ich fände es toll, wenn wir wieder mehr solche Abenteuer erleben könnten.«

»Aber wir wohnen jetzt viel zu weit vom Wald entfernt«, gab Elliot zu bedenken.

»Dann erleben wir eben andere, noch spannendere Abenteuer. Ich habe mir überlegt …« Ich hielt inne. »Also, es ist nicht fair, dass du in diesem mickrigen, engen Raum vor dich hin darben musst. Wenn du magst, kannst du in mein großes Zimmer ziehen.«

»Und wo schläfst du dann?«, fragte Elliot.

»Auch im großen Zimmer.«

»Dann schlafen wir also beide in deinem Zimmer?«

»Ja, wäre das nicht der Knaller?«, sagte ich.

»Und was machen wir dort?«

»Wir hängen ab – und schlafen natürlich – und …«

»Beide in deinem Bett?«

»Klar, das ist groß genug. Später können wir ein neues Bett kaufen, aber fürs Erste …«

Ich verstummte. Elliot lachte und hustete, aber vor allem lachte er.

»Was ist so witzig?«, fragte ich.

»Du«, sagte er.

»Jetzt bin ich gekränkt«, murmelte ich. »Ich biete dir an, mein Zimmer mit dir zu teilen …«

»Was hast du vor?«, unterbrach mich Elliot, der sich gerade hingesetzt und die Arme verschränkt hatte. »Sag es mir oder hau ab.«

Bestechung nach allen Regeln der Kunst

10.05 Uhr (Fortsetzung)

Ich zögerte. Dann wurde mir klar, dass ich keine andere Wahl hatte. Also erzählte ich ihm, dass Maddy von ihren egoistischen Eltern gezwungen wurde, Zillionen Meilen weit weg zu ziehen.

Er hörte aufmerksam und mit leuchtenden Augen zu. »Dann bekommt Maddy also mein Zimmer.«

»Ja, ganz richtig.«

»Und was bekomme ich?«, wollte er wissen.

»Das unglaubliche Vergnügen meiner Gesellschaft ...«

»Was sonst noch?«, unterbrach er mich.

»Was sonst noch?« Ich lachte. »Reicht das nicht?«

»Nicht die Bohne«, sagte Elliot fest. »Aber ich mache mit, wenn ich mir dein iPhone für immer leihen darf – also jedenfalls, bis ich mein eigenes bekomme.«

Ich sog die Luft mit einem erschreckten *Wusch* ein. Danach brachte ich nur noch kleine Würgelaute zustande. Schließlich sagte ich: »Nein, das kommt überhaupt nicht infrage.« Hastig fügte ich hinzu: »Aber du kannst dir mein Trampolin leihen.«

»Mach ich doch sowieso.«

»Na gut, du kannst dir mein Trampolin mit meiner Erlaubnis leihen – und auch mein Fahrrad.«

Elliot hat mich immer um mein Fahrrad beneidet. Während er das Angebot erwog, wartete ich voller Hoffnung.

Dann fällte er sein Urteil. »Sich ein Fahrrad zu teilen, reicht nicht als Ausgleich dafür, dass ich ein ganzes Zimmer hergeben muss. Dafür muss es schon das iPhone sein.«

»Ich bin in diesem Haus für die Witze zuständig«, sagte ich.

Angesichts des Schadens, den Elliot in nur 24 Stunden auf meinem iPhone angerichtet hat, wäre ich verrückt, mich auf diesen Deal einzulassen.

Also sagte ich bestimmt: »Nein, das geht zu weit.«

»Dann behalte ich mein Zimmer«, sagte Elliot. »Sei bitte leise, wenn du rausgehst. Ich werde jetzt ein Nickerchen machen.«

»Ich habe dir angeboten, dir ein guter großer Bruder zu sein«, sagte ich eingeschnappt. Elliots einzige Antwort war ein lautes Schnarchen.

Jetzt zermartere ich mir das Gehirn, was ich tun soll.

11.00 Uhr

Edgar ist gerade vorbeigekommen. »Ich bleibe nicht lange«, kündigte er an.

»Großartig«, erwiderte ich.

»Du bist der am wenigsten intellektuell stimulierende Mensch, den ich kenne«, sagte er, »aber ich finde es dennoch angebracht, dir zu gratulieren. Es ist beachtlich, wie du dafür sorgen willst, dass Maddy bei dir einziehen kann.«

»Sprich leiser. Ich bin noch dabei, das meinen Eltern zu verklickern.«

»Entschuldige. Natürlich. Ich kann mir nur einfach nichts Schlimmeres vorstellen, als Maddy in die USA ziehen zu sehen. Das würde wirklich zu weit gehen, was ihre Eltern mit ihr vorhaben, oder?«

Zumindest in diesem Punkt waren Edgar und ich uns einig.

Nachdem er gegangen war, kam mir eine schockierende Erkenntnis. Ich war ein totaler Idiot gewesen. Wer hätte gedacht, dass ausgerechnet Edgar mich zur Besinnung bringen würde. Wie hatte ich nur vergessen können, dass es einige wenige Sachen gab, die sogar wichtiger waren als mein iPhone.

Nun, genau genommen nur eine Sache.

11.30 Uhr

Ich flitzte wieder nach oben. Elliot hatte sich angezogen und bürstete sich energisch die Haare.

»Also gut, du kannst dir mein iPhone leihen, bis du dein eigenes bekommst«, sagte ich und sank anschließend auf einen Stuhl.

»Jaaaa!«, rief Elliot und schleuderte die Haarbürste vor lauter Aufregung auf den Boden.

»Ich weiß, dass du die Einstellungen nicht ohne meine Erlaubnis ändern wirst. Du wirst es auch nicht aufs Klo mitnehmen oder in der Nase bohren, während du –«

»Dir muss viel an ihr liegen«, unterbrach er mich. »Darf ich auch deine ganzen anderen Sachen benutzen, wenn ich Lust dazu habe?«

Er übertrieb es gewaltig, aber ich sagte nur: »Du wirst sowieso immer in meinem Zimmer sein, also kann ich dich wohl kaum daran hindern.«

Elliot lächelte breit. »Genau genommen ist es dann nicht mehr dein Zimmer, sondern *unser* Zimmer.«

»Stimmt«, sagte ich matt. »Jetzt ist es unser Zimmer.«

»Und Mum und Dad wird das nichts ausmachen?«, fragte er.

»Warum sollte es? Du und ich werden dann nur noch in einem Zimmer Chaos machen anstatt in zwei. Das spart ihnen schon mal jede Menge Arbeit. Außerdem werden sie die Tochter bekommen, die sie sich immer gewünscht haben. Aber wir müssen es ihnen geschickt unterjubeln«, ergänzte ich. »Also noch kein Wort über Maddy. Du musst ihnen verklickern, wie sehr du zu mir aufsiehst.«

Elliot machte laute Würgegeräusche.

»Mehr noch, dass du mich verehrst wie einen Helden und dass du deshalb mehr Zeit mit mir verbringen willst.«

»Mum und Dad kaufen mir das niemals ab«, behauptete Elliot.

»Du musst sie überzeugen. Denk dabei einfach immer an mein iPhone.«

»Und wann sagen wir es ihnen?«

»Heute Abend«, antwortete ich, »wenn Mum heimkommt.«

Mum war manchmal sogar sonntags unterwegs, um Immobilien zu verkaufen.

Ich streckte die Hand aus. »Haben wir einen Deal?«

»Deal«, sagte Elliot und schüttelte mir energisch die Hand.

18.30 Uhr

»Hört mal, wir haben etwas zu verkünden«, sagte ich zu Mum und Dad. Sie waren beide in der Küche.

»Was habt ihr denn jetzt wieder angestellt?«, fragte Dad.

»Elliot hat mich gefragt, ob er in mein Zimmer ziehen kann«, sagte ich, »und ich bin einverstanden.« Was dann kam, kennst du sicher aus dem Fernsehen. Wenn die Kamera zum Beispiel in den Nachrichten auf jemanden schaltet, der nicht weiß, dass er gesendet wird, und darum leer vor sich hin starrt … genau so schauten meine Eltern drein. So als hätten wir vorübergehend die Verbindung zu ihnen verloren. Ich schätze, das war die Wirkung des Schocks.

Mit offenem Mund glotzten sie uns an. Und glotzten und glotzten. »Damit haben wir bestimmt nicht gerechnet«, sagte Mum schließlich.

Ich lachte. »Ja, das sehe ich.«

Elliot lachte mit. »Ich würde meine Sachen am liebsten gleich heute Abend zu Luis rüberbringen.«

»Aber wieso …?« Mum schaffte es kaum, die Frage zu stellen. »Wieso möchtet ihr zusammenziehen?«

Ich hatte meine Antwort parat. »Dad hat etwas gesagt, das uns auf die Idee gebracht hat.«

»Ach ja?« Mum warf Dad einen Blick zu.

»Weißt du noch, Dad«, sagte ich, »wie du vorgeschlagen hast, dass Elliot und ich anfangen sollten, wie ein Team zu denken?«

»Ja …«, begann er vorsichtig.

»Du hast das so gut erklärt, dass es mich echt inspiriert hat. Und euch ist sicher aufgefallen, dass ich jetzt viel mehr Zeit mit Elliot verbringe. Klar, vor ein paar Jahren, da haben wir viel zusammen unternommen, haben Fahrradtouren gemacht …«

»Sind menschenfressenden Geistern entwischt, die die Welt beherrschen wollten«, warf Elliot ein.

»Und jetzt sind wir dank Dad wieder die besten Kumpel, wie in alten Zeiten«, sagte ich. »Danke, Dad. Wir schulden dir was.«

»Aber ich verstehe immer noch nicht, wieso ihr euch ein Zimmer teilen wollt?«, fragte Mum nachdrücklich. Ich wusste, dass es mit ihr knifflig werden würde.

Ich seufzte schwer. »Also gut, Elliot hat Probleme.«

»Was für Probleme?«, hakte Mum sofort nach.

»Jungsprobleme«, sagte ich. »Solche, bei denen man einen großen Bruder braucht.«

»Mit dem man Tag und Nacht sprechen kann«, ergänzte Elliot.

»Wenn ich bei Luis wohne, kann er mir super helfen. Ich sehe total zu ihm auf, wisst ihr. Er ist der beste Bruder, den ich mir wünschen kann.«

»Alles klar, ich träume das nur«, sagte Mum.

Dad hatte einen glasigen Blick, lächelte dabei aber.

»Wir ziehen also jetzt sofort zusammen«, sagte ich. Und bevor einer der beiden etwas erwidern konnte, rasten wir nach oben.

18.45 Uhr

Elliot prescht zwischen seinem und meinem Zimmer hin und her und verteilt sein Zeug bei mir. Mum ruft ihm hinterher: »Elliot, zieh nicht gleich dein ganzes Zeug um. Betrachte die heutige Nacht als eine Art Pyjama-Party.«

Aber als Arrangement für eine Nacht bringt das nichts. Elliot muss sein Zimmer wirklich räumen. Ich nehme also meinen ganzen Mut zusammen und sage: »Ist schon in Ordnung, Elliot darf alles herbringen.«

18.51 Uhr

Mum und Dad stehen auf dem Treppenabsatz und sehen hochgradig verwirrt zu, wie Elliot und ich herumspringen. »Was genau hast du zu Luis gesagt?«, fragt Mum Dad.

»Eigentlich nicht besonders viel, aber es scheint mächtig Eindruck gemacht zu haben«, sagt Dad.

»Vielleicht kannst du ihn das nächste Mal dazu bringen, sogar seine Hausaufgaben zu machen«, meint Mum.

»Ich werde mein Bestes tun.« Dad lacht. »Aber lass uns fürs

Erste einfach genießen, dass unsere Jungs sich wie ein Team verhalten.« Er freut sich wie ein Schneekönig über seinen Erfolg.

18.56 Uhr

Elliot flitzt in meinem Zimmer herum und klebt ÜBERALL Dinosauriersticker hin.

»Ich weiß, dass du total aufgeregt bist, das sieht ein Blinder«, sagte ich. »Aber musst du wirklich so viele Dinosaurierbildchen anbringen? Ein oder zwei – meinetwegen. Aber Tausende sind ein bisschen übertrieben.«

Er hörte mir überhaupt nicht zu.

19.01 Uhr

Jetzt hat er auch noch ein riesiges Poster der lahmsten Band aller Zeiten aufgehängt. Von nun an werde ich jeden Morgen nach dem Aufwachen als Erstes in ihre dämlich grinsenden Gesichter sehen.

19.20 Uhr

Elliot ist immer noch dabei, sein Zeug einzuräumen. Unfassbar, wie viel Krempel er hat. Er hat sogar das ganze Spielzeug von früher aufgehoben, als er noch kindischer war als jetzt. Das ist ein Schlafzimmer, kein Trödelladen. Wenn das so weitergeht, habe ich bald keinen Platz mehr hier drin.

Ich bin zu deprimiert, um noch mehr zu schreiben.

19.25 Uhr

Was ist schwarz-weiß gestreift und berührt den Boden nicht?
Ein Schwebra.

Es gibt Zeiten, da braucht man sehr dumme Witze, um nicht den Verstand zu verlieren.

Darum kommen hier noch ein paar:
Was ist gesund und schwimmt auf dem Wasser?
Ein Vollkornboot.

Was macht der Pessimist, wenn ihm ein Vogel auf den Kopf kackt?
Er flucht. Und was macht der Optimist, wenn ihm ein Vogel auf den Kopf kackt?
Er freut sich, dass Kühe nicht fliegen können.

11.10 Uhr

Maddy hat gerade angerufen, um zu hören, wie es läuft.

»Tja, ich werde mein Zimmer von nun an mit einem schmuddeligen, furzenden, total nervigen Zwerg teilen, dessen Mundgeruch eine tödliche Waffe ist. Also ehrlich gesagt, nicht besonders gut.«

»Du schaffst das«, sagte Maddy.

Ich atmete tief durch. »Ja, ich schaffe es wirklich.«

»Luis«, sagte Maddy, »du bist absolut unglaublich.«

Nachdem ich das von Maddy gehört hatte, kam es mir so vor, als würde es mir überhaupt nichts ausmachen, mein Zimmer zehn Jahre lang mit Elliot zu teilen.

»Übrigens – mach dich bereit, am Dienstag bei uns einzuziehen.«

»Dienstag!«, wiederholte sie.

»Oh ja, die Dinge entwickeln sich unheimlich schnell«, sagte ich.

Maddy zieht ein

Montag, 13. Januar
7.25 Uhr

Der Mundgeruch meines Bruders weckte mich. Er lag so ausgebreitet, dass er 99 Prozent meines Betts beanspruchte. Sein Mund war weit geöffnet. Kein Wunder, dass ich einen Hustenanfall bekam.

»Kannst du nicht leiser husten?«, fragte Elliot. »Du hast mich geweckt. Und schnarchst du immer?«

»Nur im Schlaf.«

»Und deine Füße muffeln gewaltig. Ebenso wie dein Hintern.« Dann fing er an, wie gestört zu kichern.

Ich schloss die Augen. Von jetzt an werde ich jeden Morgen so eine fröhliche Unterhaltung führen.

»Wann zieht Maddy in mein Zimmer?«, fragte er.

Ich riss die Augen auf. »Pst.«

»Findest du sie richtig heiß?«

»Stell mir niemals solche Fragen.«

»Jetzt, wo wir uns ein Zimmer teilen, kannst du es mir sagen. Ist sie die Eine für dich?«

Ich setzte mich im Bett auf. »Wenn du nicht sofort damit aufhörst, setze ich mich auf dein Gesicht.«

»Das traust du dich nicht.«

»Noch ein Wort über Maddy …«

»Ich sage, was ich will. Das ist jetzt auch mein Zimmer. Du kannst mir nicht den Mund verbieten.«

Ich wollte ihm gerade zeigen, wie ich ihm das Maul stopfen konnte, als die Zimmertür aufging. Mum und Dad lugten mit großen Augen zu uns rein.

»Da sind sie ja, unsere beiden neuen besten Freunde«, sagte Dad. »Na, Jungs, wie war es so, sich ein Bett zu teilen?«

»Wir haben gehört, dass es bei euch laut wurde«, sagte Mum.

»Ach, nur morgendliches Geplänkel«, erklärte ich hastig.

Mum sah immer noch skeptisch drein. »Wir können dem plötzlichen Frieden noch nicht so recht trauen.«

»So würde ich das nicht sagen«, meinte Dad.

»Aber ich schon«, sagte Mum.

Ich wollte etwas sagen, doch da mischte Elliot sich mit sanfter Stimme ein.

»Luis ist mir eine große Hilfe gewesen. Ehrlich, ich wüsste nicht, was ich ohne es … ohne ihn tun würde«, verbesserte er sich schnell.

Daraufhin sagte Mum: »Elliot, ich freue mich wirklich, dass du dich Luis anvertrauen kannst. Aber ich verstehe nicht, warum ihr euch deswegen hier so zusammenquetschen müsst.«

»Sie chillen gemeinsam«, warf Dad ein. »Lass uns das erstaunliche Phänomen einfach genießen, ja? Also, wer von euch geht zuerst ins Bad?«

»Ich lasse dir den Vortritt, Elliot«, sagte ich ultrahöflich.

»Vielen herzlichen Dank«, erwiderte Elliot ebenso wohlerzogen.

»Aber morgen bist du dann zuerst dran, Luis.«

»Sind das wirklich unsere Söhne?«, fragte Mum Dad.

Er gluckste. »Wir sollten uns langsam an diese neue, freundschaftliche Atmosphäre gewöhnen.«

Mum und Elliot gingen raus. Dad blieb im Türrahmen stehen. »Ich habe Digby gemailt und ihm erzählt, dass du und Elliot jetzt mehr Zeit miteinander verbringt, und es hat ihn wahnsinnig interessiert. Digby ist der Leiter des Kurses *Glücklichere Familien*.«

»Ich weiß«, knurrte ich. Kein Wunder. Dad erwähnt ihn schließlich mindestens einmal pro Stunde.

»Tja, ich habe ihn für morgen Abend zum Essen eingeladen. Er will sicher mehr darüber hören, wie toll sich die Dinge bei uns entwickeln.«

»Sicher«, murmelte ich, während mein Gehirn auf Hochtouren arbeitete. Für morgen Abend hatte ich Maddys Einzug geplant. Das war machbar. Es könnte durch einen Besucher sogar noch einfacher werden. Wenn so viel los war, würden meine Eltern es vermutlich kaum bemerken. Jedenfalls erst, wenn Maddy es sich häuslich eingerichtet hatte. Ja, das könnte klappen.

Also sagte ich: »Klar, ich werde Digby ausführlich erzählen, dass Elliot und ich jetzt wieder ein Team sind. Kein Problem.«

17.10 Uhr

Ich schaltete den Fernseher an, und da war Poppy. Ich konnte es nicht fassen. Sie zeigte gleich drei Zaubertricks auf einmal. Ich hatte das zwar schon vorher gesehen, aber sie war noch nie so gut gewesen.

Die Moderatoren sagten, sie hätten für Poppy »eine Riesenüberraschung«. Zwei ihrer größten Fans wollten ihr eine Botschaft schicken. »Diese Fans«, jubelten die Moderatoren weiter, »sind zufälligerweise große Stars auf YouTube.«

Eine Videobotschaft von Noah und Lily wurde eingeblendet.

»Poppy, du bist so abgefahren genial«, sagte Noah.

»Und wir bewundern dich«, sagte Lily, »weil du dich von deinem Rollstuhl nicht daran hindern lässt, deinen Traum zu verfolgen, Magierin zu werden.«

Poppy konnte nur immer wieder stammeln: »Das ist fantastisch.«

So wäre es mir an ihrer Stelle auch gegangen. Die Vorstellung, dass Noah und Lily überhaupt wussten, dass es mich gab – ganz zu schweigen davon, dass sie behaupteten, mich zu bewundern –, erschien mir so wahrscheinlich wie meine Chancen, in der Fußballweltmeisterschaft das Siegestor zu schießen.

Danach erwog ich tatsächlich, Poppy zu schreiben und ihr zu sagen, wie grandios sie gewesen war. Aber sie schwebte im Showbiz-Himmel dermaßen weit über mir, dass sie mich nur für gestört halten würde.

17.16 Uhr

Maddy hat angerufen und gleich gefragt: »Hast du Poppy im –?«

»Ja, ich habe sie gesehen. Sie ist sogar noch besser geworden. Und dass Noah und Lily sie so hochgelobt haben! Noah und Lily!«

»Bald ist deine Zeit gekommen«, sagte Maddy.

»Na klar«, stimmte ich ihr sofort zu. »Ich habe mit meinem Handy geübt, Witze zu erzählen. Ich bin besser geworden, aber immer noch nicht gut genug.«

»Du hast eben sehr hohe Ansprüche«, meinte Maddy. »Ich habe fast fertig gepackt. Steht immer noch fest, dass ich morgen einziehen kann?«

»Absolut.«

»Ich kann kaum fassen, wie zügig du das alles arrangiert hast.«

Ehrliche Bewunderung schwang in Maddys Stimme mit.

»Mir graut nur davor, meinen Eltern zu erzählen, dass ich ausziehe«, fuhr sie fort.

»Denk immer daran, dass es dein gutes Recht ist, nicht mit ihnen mitzuziehen. So steht es im Gesetz.«

»Echt jetzt?«

»Ich habe nicht alle Paragrafen gelesen, aber ich wette, das steht da irgendwo. Es muss eine Regel geben, die besagt, dass Eltern einen nur dann zwingen können, Hunderte von Meilen wegzuziehen, wenn man keine andere Bleibe findet. Aber du hast eine. Und dass du jetzt schon herziehst, gibt ihnen die Gelegenheit, sich vor ihrem Abflug daran zu gewöhnen, dass du nicht mehr bei ihnen wohnst. Wir sind also im Grunde sehr rücksichtsvoll.«

18.20 Uhr

Dad hat gelernt, wie man einen Biskuitkuchen macht.

Heute durften wir davon probieren. Der Teig war so pappig, dass der Kuchen wie kaltes Kartoffelpüree schmeckte.

Er lächelte dünn. »Sieht so aus, als könnte ich selbst das einfachste Rezept mühelos verhunzen.«

»Ach was ...«, begann Mum.

»Hätte schlimmer werden können«, sagte ich freundlich.

»Wie denn?«, fragte Elliot.

Dienstag, 14. Januar
Maddy zieht ein

6.50 Uhr

Elliot weckte mich heute Morgen um sechs Uhr und stellte bescheuerte Fragen.

»Du kannst mir ruhig antworten«, sagte er, »denn ich werde ab jetzt jeden Morgen hier sein.«

»Da fühle ich mich doch gleich viel besser«, entgegnete ich. Dann fragte Elliot, ob er sich eins meiner Computerspiele leihen könnte. Ich kann von Glück sagen, wenn ich demnächst überhaupt noch etwas mein Eigen nennen kann.

7.50 Uhr

Mum hat Elliot gerade mit meinem iPhone erwischt.

»Oh, ich glaube nicht, dass du das iPhone von Luis …«

»Passt schon«, unterbrach Elliot sie, »Luis überlässt es mir jetzt jederzeit. Ich glaube, er will wiedergutmachen, dass er als Bruder so nutzlos gewesen ist.«

Mum rief sofort zu mir nach unten, und als ich Elliots Behauptung bestätigte, schossen ihre Augenbrauen bis zur Decke hoch. Ein Glück, dass gleich darauf ein dienstlicher Anruf kam und sie rasch zur Arbeit musste.

16.05 Uhr

Maddys Eltern wissen immer noch nicht, dass sie bald eine neue Adresse hat. Sie hat sich überlegt, dass sie ihnen wohl am besten eine Nachricht hinterlässt. Sie hat mir eine Kopie davon geschickt:

Liebe Mum, lieber Dad,
es hat mich sehr betrübt zu erfahren, dass ihr wegziehen werdet, und ich werde euch sehr vermissen. Falls ihr euch darüber wundert, wieso ich das schreibe: Nun, ich komme nicht mit.
Aber macht euch keine Sorgen. Ich habe nicht vor, abzuhauen und mich allein durchzuschlagen. Ich werde zu Luis und seiner Familie ziehen. Sie haben gesagt, dass ihr mich jederzeit besu-

chen kommen könnt, und ich hoffe, dass ihr davon Gebrauch machen werdet. Ich wollte euch das gerne persönlich sagen, aber die Stimmung bei uns daheim ist so zäh wie Sirup.
Danke, dass ihr das gelesen und meinen Standpunkt zur Kenntnis genommen habt. Ich werde immer an euch denken.
Mit überwiegend liebevollen Erinnerungen
Eure Maddy.

PS. Ich nehme erst mal nur zwei Reisetaschen mit. Vielleicht könntet ihr so nett sein und den Rest meines Gepäcks vorbeibringen, wenn ihr Zeit dazu habt.

Ich rief sie an und sagte: »Der Brief ist genial. Ich habe sogar feuchte Augen bekommen.«
Und jetzt hole ich Maddy ab und begleite sie in ihr neues Zuhause.

17.00 Uhr

Maddys Eltern sind weg, weil sie ihren Wocheneinkauf erledigen. Der ideale Zeitpunkt für Maddy, um sich aus dem Haus zu stehlen.
Sie wartete mit zwei kleinen Reisetaschen auf mich. »Das ist nur das Nötigste«, fing sie an. Dann traf mich ihr Blick. »Ich sollte nervös sein, aber im Moment bin ich einfach nur tierisch aufgeregt. Zum ersten Mal lebe ich mein eigenes Leben.«
»Es wird absolut großartig werden«, sagte ich.
Maddy legte ihren Brief auf den Küchentisch. »Wenn sie mit den ganzen Einkäufen heimkommen, werden sie ihn hier gleich entdecken.«
»Das wird eine ziemliche Überraschung«, sagte ich.

»Oh ja, sie haben keinerlei Verdacht geschöpft. Ich vermute, dass ich ihnen hin und wieder fehlen werde.«

»Auf jeden Fall.« Ich hielt kurz inne. »Ich versuche, Mitleid mit ihnen zu haben, aber es gelingt mir nicht. Schließlich haben sie die Situation mit ihrem extremen Egoismus selbst verschuldet.«

Maddy nickte. »Und sie können mich wirklich jederzeit bei euch besuchen?«

»Na klar«, sagte ich prompt.

»Dann ist das wirklich die perfekte Lösung.« Ganz spontan umarmte sie mich kurz.

Wir gingen. Maddy trug eine Tasche, ich die andere.

»Leider habe ich dem Chauffeur den Nachmittag freigegeben«, sagte ich.

Sie grinste. »Kein Problem, ich kann ausnahmsweise mal zu Fuß gehen.«

17.10 Uhr

An meinem Haus angekommen, sagte ich: »Ich zeige dir dein Zimmer. Aber ich sollte dich warnen, wir haben auch der Putzfrau den Nachmittag freigegeben. Vom ganzen Personal ist nur ein Verrückter da, der behauptet, mein Vater zu sein.«

Im Obergeschoss kam Elliot aus unserem Zimmer geschossen. Er starrte uns schockiert und wortlos an, als könnte er nicht fassen, dass Maddy wirklich bei uns einzog. Dann zischte er mir zu: »Hast du gerade einen fahren lassen?«, und verschwand lauthals kichernd.

»Ciao, Elliot. Bleib weg, solange du willst«, sagte ich.

Er war nachmittags bei einem Freund eingeladen.

Ich führte Maddy in ihr neues Zimmer.

Für einen kurzen Augenblick fühlte ich mich seltsam schüchtern. Ihr ging es anscheinend genauso, denn wir sahen uns einfach nur an.

»Okay, du willst dich bestimmt ein wenig einleben und frisch machen.« Ich weiß nicht genau, was das bedeutet, aber Mum sagt das immer, wenn Gäste kommen. »Du kannst hier drin tun und lassen, was du willst. Das Zimmer gehört jetzt dir. Es ist doch nicht zu klein und muffig, oder?«

»Überhaupt nicht«, sagte Maddy hastig. Sie grinste. »Nette Bude.«

Ich erwiderte ihr Grinsen. »Wenn du dann nach unten kommst, brauchst du dir keinen falschen Bart anzukleben oder so, denn ich werde Dad ohne Umschweife davon in Kenntnis setzen, dass du jetzt hierbleibst.«

Ich rannte die Treppe runter. Dad stand stirnrunzelnd in der Küche.

»Digby wird jeden Augenblick hier sein und deine Mum ist noch nicht da. Ich weiß nicht, ob ich ohne sie zu kochen anfangen soll.«

In Anbetracht von Dads Kochkünsten würde ich das entschieden verneinen. Aber ich lächelte nur verständnisvoll.

»Du weißt nicht zufälligerweise, wie man Lammkoteletts zubereitet?«, fragte Dad.

»Ich weiß nur, dass ich sie gerne esse, mehr nicht.« Dann fuhr ich schwungvoll fort: »Übrigens ist Maddy hier. Sie wird eine Zeit lang bleiben.«

»Noch jemand, der über mein Essen das Gesicht verzieht, was? Aber das geht in Ordnung, wir haben genug da und weitere weibliche Gesellschaft bei Tisch ist hochwillkommen.«

»Habe ich mir gedacht.« Langsam und bedeutungsvoll ergänzte ich: »Maddy ist oben und richtet sich häuslich ein.«

»Sie ist immer willkommen«, sagte Dad geistesabwesend.

»Wirklich?« Ich sah ihm in die Augen.

»Natürlich.«

»Tja, danke, Dad«, sagte ich. »Wir wissen das zu schätzen.«

»Weiß Maddy vielleicht, wie man Lammkoteletts zubereitet?«

»Ich gehe sie sofort fragen. Ich weiß, dass sie sich sehr darauf freut hierzubleiben, bis sie ihren Schulabschluss in der Tasche hat.« Während ich das sagte, begann Dads Handy zu klingeln. Bevor er ranging, nickte er zerstreut und sagte: »Ja, klar.« Damit ist die Sache geregelt, oder?

Ich konnte es kaum erwarten, es Maddy zu sagen.

Ich lief die Treppe hoch und in Maddys Zimmer. Sie hatte bereits die meisten ihrer Sachen ausgepackt. »Es geht klar, Maddy. Dad hat gesagt, dass du hier immer willkommen bist. Ich habe ihn gefragt, ob du bleiben kannst, bis du deinen Schulabschluss hast – noch weiter wollte ich erst mal nicht gehen –, und er hat sofort Ja gesagt.«

»Das ist ja so nett von ihm.«

»Er hat seine guten Augenblicke«, gab ich zu.

»Hatte er irgendwelche Fragen?«

»Nur eine«, antwortete ich. »Weißt du irgendetwas über Lammkoteletts?«

18.01 Uhr

Maddy ist in der Küche und hat sich der Sache angenommen. Sie hat sich außerdem bei Dad dafür bedankt, dass sie bei uns bleiben darf. »Ich bin so dankbar, dass ich –«, hob sie an.

»Schon gut, Maddy«, erwiderte er. »Ich bin derjenige, der sich bedanken sollte. Du hast mich gerettet.« Dann fragte er sie, ob sie ihm zeigen könnte, wie man Lamm zubereitet.

Toll, wie die beiden sich verstehen.

Es könnte nicht besser laufen.

18.10 Uhr

Digby kam hereingeschwebt. Witzig, ich hatte mir einen bärtigen Hünen im schwarzen Poloshirt vorgestellt. In Wirklichkeit ist er eher klein, hat aber ein riesiges Mondgesicht und ein breites Grinsen. Er war angezogen wie ein irrer Papagei: grell orangefarbenes Oberteil und noch grellere gelbe Hose.

Er sagte zu mir: »Ich freue mich so darauf, alles über dich zu erfahren.« Er redet ganz langsam und leise, als ob er einen hypnotisieren will.

»Meine Frau sollte jeden Augenblick zurück sein«, entschuldigte sich Dad. »Aber bei ihr gab es heute eine Art Notfall im Büro. Wieder einmal. Darum braucht das Essen noch ein bisschen bis zu seiner Vollendung.«

»Ach, sind wir im Grunde nicht alle unvollendete Werke?«, sagte Digby lächelnd.

»Wie wahr«, sagte Dad. »Ich ganz bestimmt.« Worüber er und Digby gewaltig lachen mussten.

Dad fuhr fort: »Aber zum Glück hat mir Maddy geholfen. Sie schaut gerade um die Ecke. Ja, komm rein, Maddy, und lass dich feiern. Du hast heute das Essen gerettet.«

Also trat Maddy schüchtern lächelnd vor. »Maddy ist die Freundin von meinem Sohn. Aber sie gehört quasi zur Familie.«

Das war besser, als ich zu hoffen gewagt hatte. Maddy ist noch keine Stunde hier, und Dad sagt bereits, dass sie zur Familie gehört.

Totale Verwirrung

18.20 Uhr

Ich wusste, dass Maddys Eltern irgendwann vorbeischauen würden. Ich hatte sie sogar erwartet. Als ich die Tür öffnete und sie dort stehen sah, hatte ich mir schon eine Taktik überlegt. Ich würde unglaublich fröhlich und unglaublich entschlossen sein.

Also sagte ich: »Hey, wie nett von Ihnen, uns zu besuchen. Es ist wieder ganz schön kühl geworden, was?«

»Ist Maddy da?«, fragte ihr Dad.

»Ja, das ist sie.«

»Sie hat uns einen Brief dagelassen«, sagte Maddys Mum und klang dabei gleichzeitig entrüstet und entsetzt.

»Ich weiß, ich habe ihn gesehen. Sehr gut formuliert, fand ich.«

Maddys Dad runzelte die Stirn. »Wir müssen mit ihr sprechen.«

»Wie, jetzt?«, fragte ich.

Er hob die Stimme. »Jawohl, jetzt!«

»Natürlich«, sagte ich, immer noch ein Abbild gut gelaunter Selbstsicherheit. »Kommen Sie rein und machen Sie es sich gemütlich.« Aber da ich nicht wollte, dass sie zu weit ins Haus kamen, fügte ich hinzu: »Am besten hier im Flur.«

Ich sauste davon und flüsterte Maddy in der Küche etwas zu. Sie flüsterte zurück und dann sauste ich zurück zu ihren Eltern.

»Tut mir leid, aber Maddy ist gerade unheimlich beschäftigt. Sie lässt Ihnen herzliche Grüße ausrichten und sagt, dass Sie gerne jederzeit wiederkommen können. Wir richten uns ganz nach Ihren Plänen. Haben Sie heute Abend noch etwas Besonderes vor?«, fragte ich im Small-Talk-Ton.

Sie sagten nichts, sondern schwebten wie Schlafwandler zur Tür.

»Melden Sie sich bald wieder«, rief ich ihnen nach.

Bin ich nicht der geborene Diplomat?

19.05 Uhr

Als ich Maddys Eltern gesagt hatte, dass sie gerne jederzeit wiederkommen könnten, hatte ich nicht gemeint: zwei Minuten nach ihrem letzten Besuch.

Aber ich lächelte unverdrossen weiter.

»He, da sind Sie ja schon wieder. Wie kann ich Ihnen diesmal behilflich sein?«

Ich bekam nicht sofort eine Antwort. Dann hörte ich ein sehr seltsames Geräusch, wie Donnergrollen aus der Ferne. Nur, dass es von Maddys Dad kam.

»Willst du etwa behaupten«, fragte Maddys Mum, die aus irgendeinem Grund sehr langsam sprach, »dass Maddy mit der Erlaubnis deiner Eltern bei euch eingezogen ist?«

»Ganz genau.« Da ich es mit solchen Dingen immer sehr genau nehme, schob ich nach: »Also, Mum weiß es noch nicht. Aber mein Dad war sofort einverstanden. Er hat heute Abend sogar gesagt, dass Maddy bleiben kann, bis sie ihren Schulabschluss gemacht hat.«

Maddys Mum schrie entsetzt auf.

»Oh, machen Sie sich keine Sorgen. Ich bin sicher, er wird sie nicht vor die Tür setzen, sobald sie sechzehn ist«, fügte ich eilig hinzu. »Ja, er hat sogar gesagt, dass sie jetzt zur Familie gehört, und hat sie bereits in die Küchenarbeit eingespannt.« Ich lächelte aufmunternd. »Ich glaube, er hat sich immer schon eine Tochter gewünscht. Und jetzt hat er eine. Ich hoffe, damit alle Ihre Bedenken zerstreut zu haben.«

Maddys Dad sah nicht aus, als hätte ich alle seine Bedenken zerstreut. Tatsächlich sah er eher aus, als würde er gleich in die Luft gehen. Manchen Menschen konnte man es einfach nicht recht machen. Ich kann dir sagen, je eher die beiden nach Amerika abdampften, desto besser. Aber ich sagte nur zuvorkommend: »Sie müssen sich mit Maddys restlichen Sachen nicht beeilen. Irgendwann im Laufe der nächsten Tage würde –«

»Bring Maddy sofort her!«, bellte ihr Dad.

»Und mit deinem Vater möchten wir auch ein Wörtchen reden!«, kreischte Maddys Mum mich regelrecht an.

Sie trieben es heute Abend wirklich auf die Spitze.

Aber ich bewahrte Ruhe.

»Wenn Sie unbedingt darauf bestehen, schaue ich mal, ob die beiden ein paar Minuten für Sie abzwacken können.« Dann latschte ich davon und kam mit Maddy und Dad zurück. Es wunderte mich nicht, dass Maddy leicht verärgert war. Ich fand, dass ihre Eltern sich heute Abend nicht von ihrer besten Seite gezeigt hatten. Aber Dad strahlte die beiden an.

»Hallo zusammen. Maddy malocht ganz schön bei uns in der Küche.«

»Das haben wir gehört«, sagte Maddys Dad so wutentbrannt, dass Dad einen Schritt zurück trat.

»Ist alles in Ordnung?«, fragte Dad verunsichert.

Maddys Eltern zischten beide ein bisschen.

»Wir hatten keine Ahnung, dass Maddy zu Ihnen gehen will«, sagte ihre Mum.

»Doch, das wusstet ihr«, unterbrach Maddy sie. »Ich habe euch eine Nachricht hinterlassen.«

»In der alles haarklein erklärt ist«, fügte ich hinzu.

»Dann haben Sie die wohl nicht gefunden«, mutmaßte Dad.

»Wir haben sie *allerdings* gefunden«, sagte Maddys Mum.

»Aber Sie fanden, Maddy hätte es Ihnen persönlich sagen sollen?«, erwog Dad.

»Es geht nicht nur darum«, begann Maddys Mum.

»Geht es nicht?«, wunderte sich Dad. Es war schwer zu sagen, wer verwirrter aussah. Dann entdeckte Dad Digby mit den Segelohren im Flur. »Darf ich Ihnen …«, wollte Dad ihn vorstellen.

Aber Maddys Dad ignorierte Digby komplett und dröhnte: »Sie hätten das erst mit uns besprechen müssen.«

»Hätte ich?«, quiekte Dad.

»Nicht, dass wir je im Leben damit einverstanden gewesen wären«, sagte Maddys Mum so aufgebracht, dass sie am ganzen Körper bebte.

»Selbstverständlich nicht«, donnerte ihr Dad.

Dad schaute zunehmend verstört drein. »Tut mir leid, aber ich bin mir nicht sicher, worin das Problem besteht.«

»Sie sind sich nicht sicher, worin das Problem besteht«, echote Maddys Dad ungläubig.

In dem Moment kam Mum heim. »Tut mir leid, dass ich so spät komme. Wieso sind –?«

»Wussten Sie davon?«, fiel ihr Maddys Mum unverschämt ins Wort.

»Wovon?«, fragte Mum.

»Dass Maddy bei Ihnen leben darf, wenn wir in die USA auswandern«, antwortete Maddys Mum.

»Was?«, kreischte Mum geradezu.

»Keine Sorge, Mum, Maddy ist nur in Elliots altes Zimmer gezogen«, erklärte ich. »Das ist alles. Und du hast doch gesagt, dass du dir immer eine Tochter gewünscht hast.«

Maddy lächelte Mum gewinnend an. Aber Mum warf Dad Blicke wie Dolchstiche zu. »Du hast das nicht ernsthaft erlaubt, oder?«

»Sag es ihr, Dad! Sag ihr, was du mir gesagt hast«, gab ich ihm das Stichwort. »Dass Maddy bis nach ihrem Schulabschluss bei uns bleiben kann.«

Dad scheute wie ein Pferd. Er schluckte drei- oder viermal und brachte immer noch kein Wort heraus.

Schließlich trat Digby vor. »Darf ich mich vorstellen? Ich bin Digby, Dozent, Glücks-Coach und Experte für Familienmediation. Sie kennen mich vielleicht aus dem Lokalradio. Dort werden regelmäßig Beiträge von mir gesendet.« Alle außer Dad sahen ihn verständnislos an.

»Als Außenstehender in dieser Angelegenheit würde ich vorschlagen, dass wir uns alle zusammensetzen und die Angelegenheit klären. Die einzige Regel dabei lautet: Jede Meinung ist von Bedeutung.«

Und dann …

WAS FÜR EIN BESCHISSENES LEBEN!

19.20 Uhr

Tut mir leid, was ich eben geschrieben habe.

Nein, warte mal, es tut mir doch nicht leid.

Ich schreibe es sogar noch einmal.

WAS FÜR EIN BESCHISSENES LEBEN!, denn ich bin sehr wütend, und das wirst du auch sein, wenn du gehört hast, was danach passiert ist.

Wir haben uns alle ins Wohnzimmer gesetzt. Digby hockte sich in die Mitte und ließ uns Atemübungen machen, bei denen wir uns vorstellen sollten, dass wir Ruhe und Frieden einatmen.

»Übergeschnappter Hippie-Nonsens«, murmelte Maddys Dad.

»Danach bitte ich die Teilnehmer manchmal, sich auf den Boden zu legen«, sagte Digby. Maddys Dad ließ ein tiefes, bedrohliches Knurren hören.

»Aber ich denke, wir haben jetzt alle unsere friedliche, ruhige Mitte gefunden«, sagte Digby hastig. »Also, wer möchte mit der heilsamen Unterredung beginnen?«

Maddys Eltern legten sofort los und erzählten meinen Alten alles über ihren Umzug in die USA. Maddy und mich ignorierten sie komplett. Digby ebenfalls.

Schließlich meldete sich Digby wieder zu Wort. »Vielleicht sollten wir uns jetzt mal den Standpunkt des Jungvolks anhören.«

Als wären Maddy und ich so etwas wie Kobolde.

Ich beeilte mich zu sagen: »Das ist nicht gegen Maddys Eltern gerichtet – und ich bin sicher, dass sie die beiden hin und wieder vermissen wird –, aber Maddy möchte jetzt bei uns leben. Ich wüsste nicht, wieso das ein Problem sein sollte. Sie ist ordentlich und witzig, und jede Familie könnte sich glücklich schätzen, sie zu haben. Außerdem verbringe ich gerne Zeit mit ihr.«

»Danke, Luis«, sagte Maddy zärtlich.

Ich wandte mich an Dad. »Du wirst es toll finden, wenn Maddy bei uns ist. Denk doch nur, wie sie dir heute Abend in der Küche geholfen hat. Sie ist ein sehr hilfsbereiter Mensch, wie ich aus Erfahrung weiß. Und, Mum«, wandte ich mich jetzt ihr zu, »du hättest eine Tochter, wie du es dir immer gewünscht hast, und dazu noch in einem besonders interessanten Alter. Darum würde ich sagen, dass damit alles geklärt ist.«

Voller Hoffnung hielt ich inne. Zuerst sagte keiner unserer Eltern etwas. Aber mir fiel auf, dass Mum und Dad zitterten. Dann sah ich, dass auch Maddys Eltern zitterten. Zuerst dachte ich, sie würden heulen.

Aber nein, sie lachten. Alle vier. Erst leise, dann immer lauter. Dabei hatte ich ausnahmsweise gar keine Witze erzählt. Was war denn so amüsant?

Breit lächelnd erhob sich Maddys Mum und sagt: »Es ist sicher das Beste, wenn wir daheim weiterreden.«

»Finde ich nicht«, sagte ich.

Dann meinte sie zu Maddy: »Ich helfe dir packen.« Und an meine Eltern gerichtet: »Dieses kleine Missverständnis tut mir sehr leid.«

»Nein, es war allein unsere Schuld«, erwiderte Mum und sah dabei Dad an.

Siehst du, was passiert ist? Alle vier Elternteile haben sich zusammengerottet und gegen Maddy und mich verschworen. Das ist doch nicht gerecht! Sie hätten über unseren Standpunkt wenigstens nachdenken sollen. Kein Wunder, dass Maddy und ich vor Wut schäumten.

Sie stand so langsam auf wie nur möglich und sagte zu meinem Dad: »Ich hoffe, dass die Lammkoteletts nicht ruiniert sind.«

Das war doch sehr aufmerksam von ihr.

Digby rief ihr nach: »Ich bin sicher, dass du diese wunderbare neue Gelegenheit eines Tages zu schätzen weißt, Maddy.«

Ich warf dem Wichtigtuer einen Todesblick zu, bevor ich Maddy nach oben folgte. Wir beide sahen grimmig zu, wie ihre Mum Maddys Sachen so rasch einpackte, als würde jemand dabei die Zeit stoppen.

Maddy verließ das Haus mit doppelter Lichtgeschwindigkeit.

20.30 Uhr

Maddy hatte mit ihren Eltern eine lange und völlig zwecklose Unterhaltung über Amerika. Sie sagten immer wieder: »Du musst uns vertrauen. Wir wissen, was für dich am besten ist.«

Von wegen!

Dann sagte sie, wie stolz sie heute Abend auf mich gewesen sei und wie gut ihr meine kleine Rede gefallen hätte. Sie wusste nicht, wieso hinterher alle wie bescheuert gelacht haben.

Es beweist nur, was ich schon lange vermutet habe – Eltern sind generell ein Fall für die Klapsmühle.

20.35 Uhr

Digby wabert immer noch durch unser Haus wie ein mieser Gestank.

Als ich schließlich runterkam, hörte ich ihn zu Elliot sagen: »Du hast also deinen vermutlich wertvollsten Besitz aufgegeben – dein eigenes Zimmer –, nur damit du dir das iPhone deines Bruders leihen kannst.«

Und Elliot erwiderte in seiner von ihm selbst fälschlicherweise als lieblich empfundenen Stimme: »Ja, genau, Sir. *(Sir!)* Luis hat stundenlang auf mich eingeredet und mir hoch und heilig versprochen, dass er ein besserer Bruder für mich sein will, und hat mich dazu überredet (an dieser Stelle zitterte seine Stimme), mein Zimmer seiner Freundin zu überlassen. Und als Gegenleistung durfte ich mir nur sein iPhone leihen. Eigentlich sollte ich das immer noch dürfen, oder? Er kann den Deal jetzt nicht einfach rückgängig machen.«

»Du verräterische kleine Klapperschlange!«, brüllte ich ihn an. »Du lässt in Zukunft deine Finger von meinem iPhone. Der Handel ist null und nichtig für alle Zeiten. Und schaff auf der Stelle deine dämlichen Sachen aus meinem Zimmer.«

»Nein, mach ich nicht«, schrie er trotzig zurück.

»Machst du doch!«, befahl ich.

Elliot wollte rufen: »Luis ist ein Haufen Scheiße!«, aber da ich ihm beide Hände über den Mund hielt, bekam er die Worte kaum heraus.

»So, Jungs, das reicht, sofort aufhören«, fuhr Dad uns in so scharfem Ton an, dass ich Elliot augenblicklich losließ. »Ihr habt euch beide abscheulich benommen, nicht zuletzt, indem ihr mich hintergangen habt. Aber ich bin nicht sauer, nur sehr, sehr enttäuscht.«

Ja, Dad spielte seinen uralten, abgenutzten Lieblingstrumpf aus: »Ich bin sehr enttäuscht«, mit dem man Kindern garantiert Schuldgefühle macht. Nur bin ich diesmal derjenige, dem unrecht getan wurde, nicht er, stimmt's?

21.00 Uhr

Immerhin ist mein Zimmer jetzt wieder eine garantiert Elliot-freie Zone. Das ist die einzige gute Neuigkeit. Ich versuchte, Maddy mit einer Whatsapp-Nachricht aufzumuntern, in der ich ihr schrieb, dass wir heute nur einen kleinen Rückschlag erlebt hatten. Aber keiner von uns glaubte das wirklich.

Dann schrieb ich ihr einen Witz.

Woran erkennt man, dass man einen Tinnitus im Auge hat?

Man sieht nur noch Pfeifen.

Maddy fand ihn sehr schlau.

Also schickte ich noch einen echt blöden Witz hinterher.

Was sitzt im Baum und trägt einen Turban?

Ein Scheichhörnchen.

Sie antwortete, dass sie über den noch mehr lachen musste.

Manchmal gibt es nichts Besseres auf der Welt als einen echt blöden Witz.

Unsere Eltern verhalten sich höchst verdächtig

Mittwoch, 15. Januar

Als ich nach Hause kam, hörte ich Dad jemandem am Telefon überschwänglich danken. »Toll, dass Sie es so locker sehen. Das ist äußerst zuvorkommend von Ihnen. Wir wissen das sehr zu schätzen. Auf Wiederhören.« Wenn er am Ende noch einen Knicks gemacht hätte, wäre ich nicht überrascht gewesen. Er sah mich und sagte: »Maddys Vater kann jetzt endlich die witzige Seite des gestrigen Vorfalls sehen.«

»Ach, dem hast du Honig ums Maul geschmiert«, sagte ich. »Ich wüsste nicht, warum.«

»Wie bitte!«, regte sich Dad auf. »Na hör mal, Luis, du hast dir gestern wirklich ganz schön was geleistet.«

»Was habe ich denn getan?«

»Du hast mich angelogen und obendrein deinen Bruder dazu angestiftet, mich ebenfalls anzulügen.«

»Ich musste Elliot nicht anstiften. Und überhaupt ist lügen ein viel zu heftiger Ausdruck dafür ...«

»Und danach hast du deine Mutter und mich in eine höchst prekäre Lage gebracht. Und was Maddys arme Eltern anbetrifft, die hatten keinen Schimmer, was los war ...«

»Ich wollte nur, dass mein Zuhause auch Maddys Zuhause wird. Das ist doch nicht zu viel verlangt, oder?«

Dad antwortete nicht sofort. Ich dachte, dass er einfach nicht wusste, was er sagen sollte, und checkte die Nachrichten auf meinem Handy. Plötzlich herrschte er mich an: »Wenn du mal für fünf Sekunden aufhören würdest, mit dem Ding herumzuspielen, dann könnten wir die Sache vielleicht vernünftig besprechen!«

Ich sah auf.

»Es ist ätzend«, schimpfte Dad weiter. »Nie legst du das Ding aus der Hand. Du hörst mir überhaupt nicht zu.«

»In Ordnung, Dad«, sagte ich. »Du hast meine ungeteilte Aufmerksamkeit. Darf ich dich etwas fragen?«

»Sicher.«

»Darf Maddy bei uns einziehen?«

»Du weißt, dass das völlig ausgeschlossen ist«, presste Dad hervor.

»Nein, das weiß ich nicht.«

»Es ist aber so«, sagte Dad.

»Dann haben wir uns nichts weiter zu sagen. Ich freue mich, dass du und Maddys Vater euch so gut dabei amüsiert habt, als ihr zwei junge Leben zerstört habt.«

Ja, ich wollte ihn treffen – und ich glaube, es ist mir gelungen. Dann checkte ich weiter meine Nachrichten.

Donnerstag, 16. Januar
17.00 Uhr

Elliot hat Riesenärger in der Schule. Seine Klassenlehrerin hat gerade mit Dad gesprochen. Anscheinend kann er sich nicht richtig konzentrieren (Elliot, nicht Dad), lässt sich leicht ablenken und gibt sich überhaupt keine Mühe. Nun sind Mum und Dad dabei, Elliot gehörig den Kopf zu waschen. Das hat meine Laune erheblich gebessert.

17.45 Uhr

Edgar ist vorbeigekommen, um mir zu sagen, dass er am Samstagmorgen eine Protestaktion gegen Maddys Umzug in die USA veranstalten möchte.

»Ich werde in Maddys Straße ein Gedicht verlesen, das ich eigens zu diesem Anlass verfasst habe«, ließ er mich wissen.

»Da werden die Straßen wie leer gefegt sein.«

»Es hat neun Strophen.«

»Überrascht mich nicht«, murmelte ich, fügte aber großmütig hinzu: »Viel Glück damit.«

»Wir wäre es, wenn du mitmachen würdest?«

Ich starrte ihn an. »Du machst niemals Witze, oder?«

»Ich kann Protestschilder für uns beide malen. Dann kannst du auch eins hochhalten. Ich habe mir auch überlegt, ob wir alle Autos anhalten sollten.«

Plötzlich hatte er mein Interesse geweckt. Das war wirklich eine total verrückte Idee. Aber immerhin würde ich etwas tun, um Maddy zu helfen. Und ich war sicher, dass sie es witzig finden würde.

»Okay, warum nicht«, sagte ich.

»Dann mache ich mich gleich an die Arbeit und entwerfe die

Schilder. Verrate Maddy aber noch nichts. Es soll eine wundervolle Überraschung für sie werden.«

19.00 Uhr

Ich war in meinem Zimmer und ganz in ein Computerspiel vertieft, als ich zufälligerweise aufsah. Und da nahm ich sie wahr. Eine schattenhafte Gestalt im Türrahmen. Aber nur eine Sekunde lang. Dann war sie fort.

Ich erschrak zu Tode.

Spukt in unserem Haus ein extrem schüchterner Geist?

Ein paar Minuten später erschien die Gestalt wieder im Türrahmen. Diesmal blieb sie lange genug, sodass ich sie erkennen konnte.

»Hi, Dad. Hast du dich verlaufen?«

»Tut mir leid, dass ich dich störe«, sagte er.

»Du störst nicht, treib dich ruhig vor meiner Tür herum, so viel du willst. Nur so aus Interesse, was genau tust du da?«

»Oh … ich beobachte dich nur. Ich habe schon eine ganze Weile hier gestanden«, antwortete Dad. »Aber kein Grund, dir Sorgen zu machen«, fügte er hinzu, bevor er augenblicklich wieder verschwand.

Ist das mysteriös, oder was?

19.10 Uhr

Jetzt ist Mum an der Reihe, vor meinem Zimmer zu spuken. Ich war gerade dabei, Maddy ein witziges Bild zu schicken, als ich Mum vor der Tür erwischte.

»Heute kommt wohl nichts Interessantes im Fernsehen, Mum«, sagte ich.

»Keine Sorge, Luis, du steckst nicht in Schwierigkeiten«, sagte sie.

»Das ist mal was Neues«, sagte ich.

Sie verschwand so schnell wie Dad vorhin.

Das wird ja immer mysteriöser.

20.03 Uhr

Ich habe das Rätsel gelöst. Als ich herausfand, dass Mum und Dad auch Elliot beobachten, wurde mir klar, worum es ging. Hausaufgaben.

Meine Eltern lassen mich die Hausaufgaben normalerweise in aller Ruhe allein machen – oder nicht machen, wenn man es genau nimmt. Aber hin und wieder durchleben sie eine persönliche Krise und meinen, sie müssten unbedingt überprüfen, wie viele meiner Hausaufgaben ich tatsächlich mache. Das ist dann weder für mich noch für sie ein Spaß. Der nichtigste Anlass kann so eine Krise auslösen.

»Das ist deine Schuld«, zischte ich Elliot zu. »Weil deine Lehrerin heute Abend angerufen hat.«

»Ich habe sie nicht darum gebeten«, jammerte er. »Und überhaupt, was kann ich dafür, dass ich fast so doof bin wie du?«

Freitag, 17. Januar
17.20 Uhr

Gestern war es ja schon schlimm genug, aber du wirst nicht glauben, was jetzt passiert ist. Digby hat sich schon wieder in unserem Haus breitgemacht – und obendrein auch in meinem Zimmer.

Ich war gerade erst aus der Schule zurück, als Dad ihn hereinführte.

Digby grinste mich an. »Es stört dich doch nicht, wenn ich mich in dein Nest vorwage?«

Mein Nest! Da wollte ich es mir nach dem schrecklich langen Schultag mit meinem iPhone gemütlich machen, und nun sollte ich mich mit diesem alten Langweiler unterhalten.

»Wie geht es dir so?«, erkundigte sich Digby.

Es ist ja schon lästig, wenn deine Eltern dich ständig mit solchen blöden Fragen löchern. Aber ich denke, es steht ihnen zu, dich zu Tode zu langweilen. Aber nicht diesem Grinsewicht. Also murmelte ich etwas, das ich nicht mal selbst hören konnte, und hoffte, dass er den Wink mit dem Zaunpfahl verstand. Doch er fragte: »Wie wäre es, wenn wir uns ein bisschen unterhalten?«

»Wir wäre es, wenn Sie sich die Nasenhaare komplett entfernen lassen würden? Das ist ja der reinste Wald da drinnen.«

Okay, das habe ich nicht wirklich gesagt. Aber ich habe es gedacht. Sehr laut.

Dad antwortete an meiner Stelle. (Hasst du es nicht auch, wenn Eltern das machen?) »Luis würde sich sehr gern mit dir unterhalten.«

Ich bedachte Dad mit meinem finstersten Blick, während Digby auf Zehenspitzen zu mir kam (so geht er immer) und etwas auf den Boden warf. Es war ein Sitzkissen. Bevor ich mich's versah, hockte Digby im Schneidersitz auf dem Ding und grinste zu mir hoch wie ein zu groß geratener Knirps.

»Ich mache das, um die Barrieren zwischen uns einzureißen. Jetzt könnte ich einer deiner Freunde sein, der mit dir ein Schwätzchen hält«, sagte er.

Aber klar. Meine Freunde bringen immer ein Sitzkissen mit und breiten sich darauf aus, als würden sie jeden Moment anfangen, Yoga-Übungen zu machen.

»Weißt du, Luis, ich versuche mir manchmal vorzustellen, wie es wohl ist, dreizehn zu sein, denn ich versetze mich gerne in die

Lage anderer Menschen. So kann ich sie wirklich verstehen und ihnen helfen.«

Aber ich wollte nicht, dass Digby mich verstand. NIEMALS! Ich sah zu Dad, aber der nickte enthusiastisch, als ob sich auf dem Sitzkissen kein Geringerer als Gandalf höchstpersönlich fläzte.

»Ich habe mir also vorgestellt, welche Herausforderungen man als Dreizehnjähriger zu meistern hat. Als ich reinkam, warst du gerade mit deinem iPhone beschäftigt, Luis. Hast du einem Freund geschrieben?«

»Nein, ich habe gespielt.«

»Und wie lange wird das dauern?«, fragte Digby.

Ich zuckte die Schultern. Was ging ihn das an?

»Könnte es viele Stunden dauern?«, fragte er.

»Schon möglich.«

»Und es wird dir nicht langweilig werden?«

Was war das denn für eine dumme Frage? »Nö.«

»Das erfordert also große Hingabe«, sagte er.

»Sieht so aus.«

»Und nach dem Spiel, Luis, kommt dir die Realität bestimmt furchtbar öde und farblos vor.«

Einen Moment war ich beinahe beeindruckt.

»Ja, oft«, sagte ich.

Digby stieß einen Seufzer aus, der das ganze Zimmer zu erfüllen schien. Und Dad musste es ihm gleich nachmachen. Ich wusste nicht, worüber die beiden so betrübt waren. Dann ging mir plötzlich ein Licht auf.

Also sagte ich superfix: »Aber mir bleibt immer noch genug Zeit für meine Hausaufgaben. Es ist sogar so, dass Computerspiele meinen Verstand schärfen, sodass ich bessere Noten bekomme, als ich sie sonst kriegen würde.«

Digby wuchtete sich aus dem Sitzkissen. »Das war äußerst aufschlussreich.«

Wie schön, dass wenigstens einer von uns sich amüsiert hatte.

»Aber bevor ich gehe, möchte ich dir noch etwas erzählen, dass dich gewaltig überraschen wird.«

Schießen Sie los, dachte ich. *Erzählen Sie mir, dass Sie, als Sie noch ein kleines Wiesel waren, täglich Trillionen Stunden lang Hausaufgaben gemacht haben. Erzählen Sie mir, wie Ihnen davon so viele Nasenhaare gesprossen sind und Sie zum nervigsten Menschen der Welt wurden.*

Aber stattdessen verkündete er: »Ich habe kein Handy. Du kannst mich filzen, wenn du magst.«

»Nein, ich glaube es Ihnen auch so«, sagte ich.

»Ich habe es nicht etwa vergessen, sondern ich habe nie eins dabei.« Er machte eine Pause, um mir Gelegenheit zu geben, vor Bewunderung auszuflippen. Und irgendwie fand ich das wirklich zum Ausflippen. »Ich weiß, wie wichtig dir dein Handy ist, Luis. Aber hier kommt die nächste Überraschung: Ich vermisse es nicht. Und weißt du, warum?«

»Überraschen Sie mich.«

»Weil ich viel zu sehr damit beschäftigt bin, im Hier und Jetzt zu leben und Menschen zu treffen. Echte Menschen. Das ist es doch wert, einmal darüber nachzudenken, hm?«

»Ich wette, das werde ich von nun an immer tun«, versicherte ich.

Dann ging Digby unter in dem lauten, anerkennenden Dankesmurmeln meines Dads.

Was war eigentlich der Sinn der Unterhaltung gewesen?

Ich habe keinen Schimmer.

Samstag, 18. Januar

Edgar wartete an der Abzweigung zu Maddys Straße auf mich. Er trug einen Anzug mit Krawatte und seine Schuhe glänzten frisch poliert.

»Hast du nachher noch ein Vorstellungsgespräch?«, fragte ich. Dann fiel mir auf, dass er eine Thermoskanne dabeihatte.

»Du hast eine Thermoskanne dabei!« Unfassbar. Edgar war wirklich der älteste Dreizehnjährige, den ich je kennengelernt hatte.

»Keine Sorge«, sagte er, »für dich habe ich auch eine.« Er wies mit dem Kinn auf die braune Tasche neben sich. »Außerdem habe ich Schals eingepackt, da die Wettervorhersage für heute Abend alles andere als ermutigend ist.«

»Für heute Abend?«, wiederholte ich.

»Nun, ich gehe davon aus, dass wir den ganzen Tag und einen großen Teil der Nacht hier sein werden. Ist dir das genehm?«

»Warum nicht?«, murmelte ich.

»Ich habe einen Schirm und einige Sandwiches dabei.«

»Du hast wirklich an alles gedacht«, sagte ich.

»Ich glaube, ja«, sagte Edgar. Dann hob er zwei Schilder auf. Auf einem stand: RETTET MADDY und auf dem anderen BESCHÜTZT MADDY VOR DER UNTERDRÜCKUNG DURCH IHRE ELTERN.

»Ich vermute, dass du lieber das simple Schild halten möchtest«, sagte Edgar.

»Wie rücksichtsvoll. Also los, bringen wir den Verkehr zum Erliegen.«

Wir bezogen Position.

»Ich schicke Maddy eine Nachricht und schreibe ihr, dass sie aus dem Fenster schauen soll«, sagte Edgar.

Der erste Wagen kam vorbei. Eine Frau mit ihrem Sohn saß darin. »Was ist los?«, rief sie aus dem Fenster.

»Es ist uns äußerst unangenehm, Sie zu belästigen«, sagte Edgar, »aber wir protestieren gegen ein Fehlurteil, das Maddy betrifft, die Sie sicher kennen.«

»Ja, wir kennen Maddy, nicht wahr?«, sagte die Frau zu ihrem Sohn. Er gab keine Antwort. Er war zu sehr damit beschäftigt, uns mit seinem Handy zu filmen.

»Aber was ist ihr denn passiert?«, erkundigte sich die Frau.

»Mein Gedicht erklärt alles«, sagte Edgar und reichte ihr eine Kopie von dem dicken Stapel. Er musste Hunderte davon ausgedruckt haben.

»Es hat nur neun Strophen«, sagte ich kaum hörbar.

»Ich werde es jetzt vortragen«, ließ Edgar sie wissen. »Während ich es vorlese, können Sie gerne jederzeit als Zeichen Ihrer Solidarität hupen. Und anschließend hoffe ich aufrichtig, dass Sie die Erste sein werden, die unsere Online-Petition unterschreibt.«

Die Frau konnte uns nur mit offenem Mund anglotzen, als Edgar sein Gedicht vorzulesen begann.

Als er bei der dritten Strophe angelangt war, kam ein weiteres Auto um die Ecke geknattert. Der Fahrer – ein Mann mit dunkelrotem Gesicht – lenkte zu uns rüber und bellte: »Das ist kein Spielplatz, Kinder. Macht die Straße frei!«

»Ich bin kein Kind!« Edgar war außer sich.

»Und er ist nie eins gewesen«, ergänzte ich.

»Aber Sie müssen sich mein Gedicht anhören«, sagte Edgar.

»Da vergeht die Zeit wie im Flug«, sagte ich.

Man kann über Edgar sagen, was man will, aber er ist auf seine durchgeknallte Art mutig. Ich meine, ich weiß nicht, ob ich mich getraut hätte, diesem rotgesichtigen Typen, der inzwischen auch Feuer spie, eine Kopie mit meinem Gedicht zu überreichen. Geschweige denn, es weiter vorzutragen.

Aber kurz darauf wurde Edgar schon wieder unterbrochen. Maddy kam angelaufen. »Das ist ja so genial, was ihr da macht«, rief sie.

»Nun, es war in erster Linie Edgars Idee«, sagte ich.

Er nickte zustimmend.

»Aber ihr müsst sofort damit aufhören«, sagte Maddy entschieden. Das war überhaupt nicht die Reaktion, die Edgar oder ich erwartet hatten. Aber Maddy war so bestimmt, dass wir die beiden Autos weiterfahren ließen. Der rotgesichtige Mann schleuderte Edgars Gedicht aus dem Auto, als er Gas gab.

»Umweltverschmutzer!«, rief ich ihm nach.

Maddy bedeutete uns, ihr zu folgen. Warum in aller Welt wollte sie, dass wir unsere Protestaktion abbrachen, wo wir doch gerade erst angefangen hatten? Ich half Edgar beim Zusammenpacken. Die beiden Schilder hingen traurig unter seinem Arm.

Maddy wartete vor ihrem Haus auf uns, in dessen Vorgarten jetzt – wie ich schaudernd bemerkte – ein ZU VERKAUFEN-Schild stand.

»Ich hatte mein Gedicht über unsere Notlage doch gerade erst angefangen«, sagte Edgar vor Empörung zitternd.

»Ich weiß«, sagte Maddy. »Es ist toll, dass ihr euch solche Mühe gemacht habt. Aber ehrlich gesagt ist es zwecklos. Wisst ihr, was meine Eltern genau in diesem Augenblick machen?«

»Nein«, sagte ich, »aber ich bin auf das Schlimmste gefasst.«

»Sie sind da drin mit einem Typen von der amerikanischen Firma, die meinen Dad angeworben hat – und sie sind alle total aufgeregt und glücklich. Ich kann es nicht ertragen. Und für später haben Mum und Dad mit dieser britischen Familie in Amerika ausgemacht, dass wir skypen werden und sie uns sagen, wie großartig ihr Leben jetzt ist.« Maddy verzog das Gesicht. »Sie haben eine Tochter, mit der ich mich *prächtig* verstehen werde, sagen sie, und –«

»Dann gibst du jetzt also einfach so auf?«, fiel Edgar ihr ins Wort.

»Ich werde meine letzten wertvollen Wochen hier nicht damit verbringen, sie umzustimmen, weil ich weiß, dass der Versuch völlig zwecklos ist. Aber ich habe nicht aufgegeben. Im Gegenteil, ich habe meine eigene Protestaktion gestartet.« Ein Lächeln huschte über ihr Gesicht.

»Was hast du gemacht?«, wollte ich sofort wissen.

»Kommt kurz mit ins Haus«, flüsterte Maddy, »aber seid ganz leise, meine Eltern ahnen nicht, dass es etwas mit mir zu tun hat.«

Überaus fasziniert deponierten Edgar und ich unsere Schilder und Edgars knallvolle Tasche vor der Tür. Drinnen hörten wir aus der Küche das Gemurmel einer überaus langweiligen Unterhaltung. Maddy winkte uns ins Wohnzimmer.

»Normalerweise hätten sie ihn hier hereingeführt, aber heute haben sie sich nicht getraut«, zischte sie.

Das Zimmer wirkte ganz gewöhnlich, bis mir plötzlich ein Schwall streng riechender Luft entgegenblies. »Iiih«, rief ich.

Maddy kicherte. »Was denkt ihr, was das ist?«

»Also, es erinnert mich daran«, sagte ich, »wie ich mal Zug fuhr und glaubte, der Mann hinter mir hätte den übelriechendsten Furz aller Zeiten losgelassen. Es war absolut widerlich. Aber dann stellte sich heraus, dass er sich mit Schottischen Eiern in Wurstbrät vollstopfte. Ich würde aber sagen, dass es hier noch schlimmer riecht.«

Maddy strahlte jetzt über das ganze Gesicht. »Und das habe ich ganz allein vollbracht.«

»Wie in aller Welt?«, fragte Edgar.

»Ich habe hinter der Rückenpolsterung des Sofas einen toten Fisch versteckt«, erwiderte sie stolz.

Edgar taumelte. Mir war auch ein bisschen schwindelig.

»Ihr seht beide so verblüfft aus«, stellte sie fest. »Ihr habt wohl gedacht, dass ich zu vernünftig und langweilig bin, um jemals so etwas zu machen, was?«

»Nein«, antwortete ich. »Es ist nur normalerweise nicht deine Art. Aber he – gut gemacht, Maddy. Respekt. Das stinkt wirklich zum Steinerweichen.«

»Es wird außerdem jeden Tag schlimmer«, sagte sie eifrig. »Meine Eltern reißen ständig die Fenster auf und schließen sie dann gleich wieder und drehen die Heizung auf. Sie kommen nicht dahinter, wo der Gestank herkommt, und –«

Maddy wurde von einem seltsamen Geräusch unterbrochen.

Es klang wie ein furchtbar heiserer Seelöwe.

Tatsächlich kam es von Edgar. Und er lachte.

Sonntag, 11. Januar
11.00 Uhr

Höchst verdächtig.

Mum hat gerade verkündet, dass sie Elliot und mir »eine Freude« machen will. Sie geht mit uns beiden essen. Daran ist nichts verkehrt, meinst du vielleicht. Ist es aber doch.

Schließlich hat Elliots Klassenlehrerin ihm gerade ein komplett grottiges Zeugnis ausgestellt, und meine Eltern sind außerdem immer noch nicht darüber hinweg, in was für eine peinliche Situation ich sie wegen Maddy und ihren Eltern gebracht habe. Natürlich sehe ich das völlig anders (und habe recht damit).

Worauf ich hinauswill: Wieso sollte Mum Elliot und mir nach all den Scherereien eine Freude machen wollen?

13.20 Uhr

Mum war viel zu nett zu uns und sagte Sachen wie:»Heute könnt ihr essen, was ihr wollt. Und ich verspreche, dass ich keine Kommentare dazu abgeben werde.« Danach lachte sie fröhlich.

Natürlich wollte ich mir die Chance, mich mal richtig vollzustopfen, nicht entgehen lassen. Aber danach fing ich an, mich zu fragen, was der Haken an der Sache sein mochte.

»Wo ist Dad eigentlich?«, fragte ich sie.

»Daheim«, antwortete sie etwas zu beiläufig.

»Aber wieso ist er nicht mitgekommen?«, fragte ich.

»Nun, er bereitet eine Überraschung für euch beide vor.«

»Cool!«, rief Elliot.

Ich warf ihm einen verächtlichen Blick zu. Er durchschaut die Tricks von Eltern noch nicht.

»Welche Art von Überraschung?«, fragte ich argwöhnisch.

Mum lächelte unbeirrt weiter.»Wenn ich euch das verraten würde, wäre es ja keine Überraschung mehr, oder?«

»Sag mir einfach nur, ob sie uns gefallen wird?«, beharrte ich.

Mum zögerte den Bruchteil einer Sekunde, bevor sie hervorstieß:»Oh ja, da bin ich mir ganz sicher!«

Soll heißen: Wir werden entsetzt sein.

13.45 Uhr

Während Mum die Rechnung bezahlte, zischte ich Elliot zu: »Nicht wahr, du weißt, was die Überraschung ist?«

»Nein, was denn?«

»Ein Nachhilfelehrer. Und es ist deine Schuld. Du bist so schlecht in der Schule, dass sie in Panik geraten sind. Und ich wette, dass ich da mit hineingezogen werde. Und weißt du, was noch? Dieser Nachhilfelehrer wartet zu Hause bereits auf uns.«

Elliots Augen wurden so groß wie Untertassen. »Aber doch nicht an einem *Sonntagnachmittag.*«

»Oh doch, das Essen sollte uns bloß milde stimmen. Dad hat den Lehrer begrüßt. Und er wird genau so ein Typ wie Digby sein. Vielleicht ist er es sogar –«

In dem Moment stieß Elliot einen entsetzten Schrei aus.

Die schlechteste Idee aller Zeiten

Sonntag, 11. Januar
16.25 Uhr

Auf dem Heimweg machte ich mir vor Angst fast in die Hose, Digby könnte mein neuer Nachhilfelehrer sein. Etwas Grässlicheres konnte ich mir nicht vorstellen.

ABER JETZT KANN ICH ES.

Dad erwartete uns in absoluter Hochstimmung. »Darf ich vorstellen ...«, fing er an.

Jetzt ist der Augenblick gekommen, dachte ich, *in dem Digby mit dem Lachen eines Wahnsinnigen hereingesprungen kommt.*

»Der Spieleschrank«, fuhr Dad fort.

Dann führte er uns zu dem Schrank in der Küche, in dem früher lauter total ödes Putzzeug herumlag und in dem jetzt lauter total öde Brettspiele herumliegen, wie Monopoly, Cluedo und Scrabble.

»Damit werdet ihr beiden bestimmt stundenlang Spaß haben«, sagte ich.

»Den werden wir alle haben«, sagte Mum.

Natürlich hatte ich weitaus bessere Sachen zu tun, aber ich heuchelte Interesse. Darin bin ich gut. Ich war drauf und dran, einen wahnsinnig erleichterten Seufzer auszustoßen, dass die Überraschung nicht die war, die ich befürchtet hatte. Da verkündete Dad, dass es Zeit für ein Familienmeeting war.

Diese Meetings sind einfach nur zum Gähnen. Wir versammeln uns alle um einen Tisch und Mum und Dad halten einen elend langen Vortrag.

Aber heute wirkten Mum und Dad richtig leutselig.

»Wie schön, einmal wirklich eure Gesichter zu sehen«, meinte Dad grinsend.

»Ja wirklich«, sagte Mum.

»Denn normalerweise starrt ihr auf ein Display«, sagte Dad. »Stundenlang, ohne aufzusehen.«

»Ist ein bisschen übertrieben«, raunte ich.

»Nein, keineswegs, Luis. Wir haben euch beobachtet«, fuhr Mum fort.

Deswegen also hatten sie sich an meiner Zimmertür herumgedrückt.

»Aber wir machen euch keinen Vorwurf«, sagte Dad. »Es ist unsere Schuld.«

Da wurde mir unbehaglich zumute. Wenn deine Eltern sich bei dir entschuldigen – tja, dann heißt es aufpassen.

»Ihr habt uns ständig mit unseren Handys und Laptops hantieren sehen«, sagte Mum, »darum ist es kein Wunder, dass ihr angefangen habt, unser Verhalten nachzuahmen.«

»Mum, das habe ich ganz bestimmt nicht«, versicherte ich.

»Wir verbringen weniger gemeinsame Familienzeit als je zuvor«, meinte Dad. »Und warum? Weil wir alle zu sehr damit beschäftigt sind, auf Bildschirme zu starren.«

»Nehmt es nicht persönlich«, sagte ich freundlich. »So leben die

Menschen jetzt eben, weil das Internet viel interessanter ist als wir.«

»Da bin ich anderer Meinung«, platzte Dad so laut heraus, dass sogar Mum ihn anstarrte. Etwas leiser fuhr er fort: »Ich glaube, dass wir etwas sehr Wertvolles verlieren. Zum Beispiel die ganzen Erinnerungen, die wir vier teilen und für immer bewahren können. Darum gilt ab heute Abend um acht Uhr –«

»Auszeit«, warf Mum ein.

»Genau«, sagte Dad.

Elliot und ich sahen sie verwirrt an. Was brabbelten sie da?

»Heute Abend um acht Uhr beginnt für uns etwas, das man glaube ich *Digital Detox* nennt. Keiner von uns wird irgendwelche Computer, Laptops, Handys, Tablets benutzen.«

»Das ist nicht euer Ernst!«, rief ich entgeistert.

»Oh doch«, sagte Dad. »Alle elektronischen Medien werden für eine Woche aus diesem Haus verbannt. Fürs Erste.«

»Fürs Erste!« Ich sprang auf.

»Wohin gehst du?«, fragte Dad.

»Ich rufe den Kinderschutzbund an«, erwiderte ich. »Kein Kind sollte gezwungen werden, ohne sein iPhone zu leben.«

»Aber wir werden eine so klasse Zeit miteinander verbringen«, sagte Mum.

»Womit?«, fragte Elliot.

»Nun, das fängt schon mal damit an, dass wir die Brettspiele nicht mehr nur noch an Weihnachten rausholen.« Dad grinste. »Wir können jederzeit eines spielen. Jeden Abend, wenn wir wollen.«

»Erschießt mich auf der Stelle«, murmelte ich.

»Aber wir können auch andere Sachen unternehmen«, sagte Mum aufgekratzt. »Zum Beispiel lange Spaziergänge.«

»Es wird eiskalt sein«, sagte ich.

»Ich hasse Spaziergänge«, sagte Elliot.

»Wir könnten auch in den Park gehen«, schlug Dad vor.

»Du meinst, im Januar schaukeln?«, sagte ich. »Alle werden uns für verrückt halten.« Dann fiel mir etwas anderes ein. »Und wie werden wir mit anderen in Verbindung bleiben?«

»Wir werden es so machen, wie eure Mum und ich es damals in den 1970er- und 1980er-Jahren gemacht haben.« Wieder grinste Dad. »Wir benutzen das Festnetz.«

»Aber keiner unserer Freunde kennt unsere Festnetznummer«, sagte ich. »Sogar *ich* kenne sie nicht.«

»Ihr habt bis acht Uhr Zeit, euren Freunden die zutiefst tragische Mitteilung zu machen, dass sie euch nur noch auf einem gewöhnlichen Telefon erreichen können«, sagte Mum. »Keine Angst. Ihr werdet euch schnell daran gewöhnen.«

»Ich will mich aber nicht daran gewöhnen«, sagte ich. »Das ist doch komplett gaga!«

»Wir werden zu Außenseitern«, jammerte Elliot. »Und wie sollen wir unsere Hausaufgaben machen?«

Mum antwortete: »Wir werden mit euren Lehrern reden und ihnen unsere Aktion erklären. Falls eine Hausaufgabe nur mit dem Computer erledigt werden kann, dann könnt ihr den Rechner im Wohnzimmer anschalten und euer Dad oder ich beaufsichtigen euch. Aber wir werden auch eine Enzyklopädie, ein Wörterbuch und einen Thesaurus auf den Tisch legen.«

»Mum, warum soll man sich mit den ganzen Nachschlagewerken herumplagen, wenn man auf Google alles sekundenschnell findet?«, fragte ich.

»So wird es doch viel mehr Spaß machen«, sagte sie.

Ich starrte sie an. »Wirklich, Mum, wirklich?«

»Ich nehme mir ein paar Tage frei, damit ich dir helfen kann«, sagte sie. »Uns ist schon klar, dass das für euch beide eine gewisse Anstrengung erfordert, aber das wird es wirklich wert sein.«

»Und darauf gibst du mir dein Wort?«, fragte ich.

»Ich bin sicher, dass wir von dieser Erfahrung alle profitieren werden – auch dein Dad und ich«, sagte Mum. »Wir können kaum erwarten, dass es losgeht.«

»Und dass wir endlich wieder richtig miteinander kommunizieren«, sagte Dad.

17.10 Uhr

Ich habe mit Maddy telefoniert. »Ich wollte dir nur sagen, dass wir heute Abend um acht Uhr eine Zeitreise in die 1970er machen.«

Dann erklärte ich es ihr.

»Aber sie können die digitalen Errungenschaften doch nicht rückgängig machen!«, rief sie.

»Oh, und ob meine Eltern das können! Sie behaupten, dass wir uns großartig damit amüsieren werden, alte, mottenzerfressene Brettspiele zu spielen und im Park herumzutollen.«

Ich gab ihr meine Festnetznummer.

»Ich weiß nicht, wer schlimmer ist – deine Eltern oder meine«, murmelte sie.

»Im Moment steht es unentschieden, würde ich sagen«, erwiderte ich und fügte hinzu: »Was macht der Gestank?«

»Der ist so übel, das würdest du nicht glauben. Meine Eltern denken, dass es aus der Kanalisation kommen muss.«

»Selbst an einem so finsteren Tag wie heute gibt es ein Licht am Ende des Tunnels«, stellte ich fest.

18.35 Uhr

Ich habe es endlich geschafft, Mum allein zu erwischen. »Mum!«, platzte ich raus. »Wie kann so etwas passieren? War Dad bei Bewusstsein, als er diesen Entschluss gefasst hat?«

»Es war genau genommen eine gemeinsame Entscheidung«, sagte Mum. »Natürlich wirst du die Sachen zuerst vermissen. Aber das heißt noch lange nicht, dass wir nicht eine klasse Zeit haben werden.«

»Ich finde, genau das heißt es.«

19.15 Uhr

Ich bin so verzweifelt, dass ich mich mit Elliot verbündet habe, um im letzten Moment einen Plan auszuhecken. Ich habe Elliot genau instruiert, was er sagen soll. Das *muss* einfach klappen.

19.25 Uhr

Ich lauschte vor der Tür, während Elliot mit feierlicher Miene ins Wohnzimmer ging. »Entschuldigt die Störung«, sagte er zu unseren Eltern (guter Einstieg).

»Red keinen Unfug«, sagte Dad.

Mit hoher Hauchstimme fuhr Elliot fort: »Ich werde euch heute Abend bei diesem Experiment begleiten.«

»Danke, Elliot«, sagte Mum. »Das wissen wir zu schätzen.«

Dann hob Elliot die Stimme, genau wie ich es ihm gesagt hatte. »Aber nehmt Luis nicht das einundzwanzigste Jahrhundert weg. Wenn es sein muss, lasst ihn Scrabble und Monopoly spielen, aber verschont sein iPhone. Denn wenn ihr ihm das wegnehmt, werdet ihr ihm das Herz brechen.«

»Was für eine bewegende Rede«, raunte Dad.

»Ja«, pflichtete Elliot ihm bei.

»Ich vermute, dass Luis bald eine ähnliche Bitte dich betreffend vorbringen wird, hm?«, fuhr Dad fort.

»Ganz recht«, bestätigte Elliot augenblicklich. »Ich meine … äh, nein, das wird er nicht … er wird … er wird …« Er versuchte, es wieder hinzubiegen, aber es war zu spät. Der Hanswurst hatte es versemmelt.

Ich hörte Mum rufen: »Netter Versuch, Luis. Du lauschst vor der Tür, stimmt's?«

Ich streckte meinen Kopf ins Wohnzimmer. »Oh, ich bin gerade zufälligerweise vorbeigekommen und habe gehört, dass mein Name fiel. Und dann war ich so gerührt von dem, was Elliot gesagt hat …«

»Ja, du hast ihn bestens instruiert«, sagte Mum.

»Aber diesmal funktioniert es nicht«, sagte Dad entschieden.

19.50 Uhr

Jetzt bin ich noch verzweifelter (und dabei war ich vorher schon völlig verzweifelt). Darum habe ich meinen Eltern einfach gesagt: »Ich schlage euch einen Handel vor. Ich räume jeden Abend die Spülmaschine aus, mache jeden Tag mein Bett und lasse nie wieder meine Socken herumliegen. Ich würde sogar die Katze füttern, wenn wir eine hätten. Oder ich kaufe eine Katze und füttere sie und mache alles, was ihr sonst von mir verlangt. Aber bitte lasst mich wenigstens jeden Abend für eine mickrige Stunde mein iPhone benutzen. Am Wochenende zwei Stunden.«

Ich dachte, dazu mussten sie einfach Ja sagen. Mein Angebot war unglaublich großzügig. Der Handel des Jahres. Zuerst sagten weder Mum noch Dad etwas, sie tauschten nur Blicke und verdrehten die Augen.

»Ist das nicht faszinierend?«, fragte Mum schließlich.

»Allerdings«, stimmte Dad zu. »Dass Luis sich so ins Zeug legen würde, beweist, wie abhängig er von den neuen Technologien –«

»He, ich bin immer noch im gleichen Raum«, fuhr ich dazwischen.

»Ich mache jetzt eine Prophezeiung, Luis«, sagte Dad.

»Mir wäre es lieber, du würdest mich mein iPhone benutzen lassen«, unterbrach ich ihn.

»In einer Woche wirst du dich fragen, wieso du so einen Aufstand gemacht hast, denn du wirst eine Menge Spaß ohne diesen ganzen modernen Kram haben «, meinte Dad strahlend.

Stell dir vor, das glauben die beiden wirklich. Meine Eltern sind jetzt endgültig durchgedreht.

20.15 Uhr

»Legen wir los, Jungs!«, sagte Dad, sammelte alles ein und verstaute es in einer Schachtel: Elliots Tablet, mein iPhone und mein iPad.

»Bekomme ich eine Quittung?«, fragte ich.

Wir zuckten alle zusammen, als das Festnetztelefon klingelte. Es war Maddy.

»Willkommen in den 1970ern«, sagte sie.

Zurück in die 1970er

Montag, 20. Januar
7.20 Uhr

Dad hat mich gerade gefragt, wie ich geschlafen habe.

»Sehr schlecht«, antwortete ich. »Ich hatte so einen grässlichen Albtraum, dass ich mein iPhone nicht mehr benutzen durfte. Zum Glück war alles nur ein Traum.«

Doch er zeigte nicht den kleinsten Hauch eines schlechten Gewissens.

Nachdem er gegangen war, sah ich mich in meinem totenstillen Zimmer um, während mich das Grauen meiner Lage mit voller Wucht traf.

Überall passieren immer noch aufregende, witzige Sachen – ABER OHNE MICH. Ich gehöre nicht mehr dazu. Ja, ich bin komplett von der Zivilisation abgeschnitten.

8.05 Uhr

Die veraltete Form von Telekommunikation, bekannt als Festnetz, klingelte wieder. Und dieses Mal zuckte Dad so heftig zusammen, dass ihm zwei Eier runterfielen. »Wir werden uns bald daran gewöhnt haben«, behauptete er.

Es war wieder Maddy.

»Komm nach der Schule zu mir«, sagte sie. »Ich habe eine Idee.«

»Lass hören.«

»Der Vintage-Klamotten-Laden direkt neben meiner Schule hat einen großen Schlussverkauf.«

»Aha ...«

»Ja, ich habe alles über die 1970er-Jahre gegoogelt«, sagte sie.

»Google? Was bedeutet dieses seltsame, fremdartige Wort?«

»Und ich bin sicher«, fuhr sie unbeirrt fort, »dass einige der Sachen, die es dort gibt, hässlich genug sind, um aus dieser Zeit zu stammen. Ich dachte mir also, wenn deine Eltern dich zu dieser Zeitreise zwingen, dann solltest du das konsequent durchziehen und dich auch entsprechend kleiden. Ist das dufte?«

»Ist es was?«

»Dufte. Ich habe auch den Slang von damals gegoogelt. Dufte bedeutet cool.«

»In diesem Fall«, sagte ich, »finde ich es absolut dufte.«

»Also dann, tschüssikowski«, sagte Maddy. »Das hat man damals auch gesagt.«

16.05 Uhr

Ich trage jetzt ein lila Hemd mit dem breitesten Kragen, den du je gesehen hast, und Hosen im gelbsten Gelb aller Zeiten (sogar gelber als die von Digby) und einen wahrhaft hässlichen Cowboyhut. Das Outfit wird vervollständigt durch einen Glitzerschal, bei dem ich mich frage, wie ihn jemals jemand freiwillig umlegen konnte.

Ich habe mich bei Maddy umgezogen und meine Schuluniform in eine alte Tasche gestopft. Ihre Mutter war mit zwei Handwerkern im Garten, die auf Abwasserleitungen spezialisiert sind. Doch gerade als Maddy und ich die Treppe hinunterschossen, kam sie herein.

»Luis!«, quiekte sie erschrocken.

»Hallo«, sagte ich. »Sie sehen gut aus.«

»Aber was …«, stammelte sie. »Was hast du da um Himmels willen an?«

»Das hat mir Maddy alles besorgt. Hat sie nicht einen ausgezeichneten Geschmack?«

Bevor sie etwas erwidern konnte, waren Maddy und ich auch schon draußen und konnten gar nicht mehr aufhören zu lachen.

16.30 Uhr

Als ich heimkam, fand ich Mum und Elliot im Wohnzimmer vor einem prasselnden Kaminfeuer vor. Er spielte mit einem Zauberwürfel und Mum machte ein Kreuzworträtsel. »He, ihr heißen Rocker, alles groovy?«, fragte ich lässig.

Mum konnte mich nur mit offenem Mund anstarren. Elliot hingegen krümmte sich vor Lachen und der Zauberwürfel flog ihm aus der Hand. Schließlich schaffte Mum es zu schnaufen: »Luis, warum in aller Welt bist du so angezogen?«

»Ich wollte passend gekleidet sein, Püppchen, und die coolen Vibes verkörpern«, sagte ich und warf mit dem Slang der 70er, den Maddy mir beigebracht hatte, nur so um mich. »Nicht wahr, da kommen all die schönen Erinnerungen wieder hoch.«

»Keineswegs.« Mit einem Mal erschien blanker Horror auf ihrem Gesicht. »Du bist doch nicht etwa so auf der Straße herumgelaufen?«

»Na klar doch – und viele unserer Nachbarn haben mich gesehen. Einer hat mir sogar zugewinkt.«

Ich konnte direkt sehen, wie Mum mit den Zähnen knirschte. Dann fragte sie: »Und wo ist deine Schuluniform? Du hast sie doch nicht etwa in diese kleine Tasche gestopft?«

»Doch, habe ich, Mum.«

Elliot begann so irre zu kichern, als hätte er eine Überdosis Lachgas inhaliert.

»Zieh das sofort aus«, fuhr sie mich an.

»Aber, Mum, dieser Look bringt es voll!« Dann kam Dad herein und musste zweimal hingucken.

»Hey, Daddy Cool«, sagte ich. »Alles fit im Schritt? Du kannst meine Klamotten leihen, wenn du magst.« Elliot wälzte sich vor Lachen inzwischen auf dem Boden.

Dad war einfach nur fassungslos. »Ich habe dich im ersten Moment nicht mal erkannt …«, begann er.

»Hey, Dad, du bist voll Disco!«, kreischte ich. »Und, Mum, damit du dich nicht ausgeschlossen fühlst, du bist auch voll Disco.«

»Das reicht«, rief Mum. »Geh in dein Zimmer und zieh dich augenblicklich um. Elliot, steh auf.«

Mum klang so sauer, dass ich zufrieden die ganze Treppe hochtänzelte.

17.00 Uhr

Ich war in meinem Zimmer und trug immer noch einen Teil meiner Vintage-Klamotten, als ich Dad die Treppe hochtrampeln hörte. Rasch löschte ich alle Lichter. Als er den Kopf durch die Tür steckte, rief ich: »Dad, hast du ein paar Kerzen?«

»Klar, die sind … aber was ist denn los?«

»Meine Lichter sind alle ausgegangen«, stammelte ich.

»Wie konnte das denn passieren?« Er klang so besorgt, dass ich zu zittern anfing, als ich sagte: »Bestimmt wurde der Strom abgedreht als Energiesparmaßname. Das hat man in den 1970ern oft gemacht.«

»Sehr witzig«, sagte Dad und schaltete die Lampen wieder an. »Du hättest mich fast drangekriegt.« Er lächelte gedankenverloren. »Ich weiß noch, die Lichter gingen damals meistens genau dann aus, wenn wir uns zum Essen hingesetzt hatten.«

»Ja, die gute alte Zeit«, murmelte ich.

Dad ließ sich neben mich aufs Bett plumpsen. »Du hast dich noch nicht umgezogen.«

»Nein, Dad. Die Klamotten helfen mir, mich ganz auf die 1970er einzustimmen. Meinst du, ich könnte morgen so in die Schule gehen?«

»Hör mal, Luis«, sagte Dad. »Wir wissen, dass unsere Aktion dir eine gewaltige Umstellung abverlangt. Und du wirst in den nächsten Tagen und Wochen sicher ein paar Entzugserscheinungen –«

»Warte mal – in den nächsten *Wochen* …«, unterbrach ich ihn. Meine Stimme schwoll an. »Wie lange soll das Ganze denn dauern?«

»Äh«, sagte Dad.

Ich habe noch nie ein »Äh« gehört, das unheilvoller klang.

18.05 Uhr

Ich platzte in Elliots Zimmer. »Was machst du?«

Er sah mich schuldbewusst an. »Meine Hausaufgaben.«

»Aber wenn du anfängst, dich wie ein braver Junge zu verhalten, werden sie denken, dass ihr verrücktes Experiment funktioniert.«

Augenblicklich warf Elliot seinen Füller hin.

Ich senkte die Stimme. »Dad hat mir gerade verraten, dass wir womöglich wochenlang in diesem Haus aus einer anderen Zeit leben könnten. Wir müssen dem unbedingt ein Ende setzen.«

»Und wie?«, fragte Elliot.

»Nun, zunächst müssen wir Dad und Mum – besonders Mum – laufend an alles erinnern, was ihnen entgeht. Außerdem müssen wir die ganze Zeit niedergeschlagen und gelangweilt aussehen. Zeig mir mal kurz ein mürrisches Gesicht.«

Elliot zog eine Schnute.

»Du siehst aus, als hättest du Verstopfung, aber das können wir so lassen. Und denk dran, oft zu gähnen.«

»Ich kann super gähnen«, sagte Elliot.

19.05 Uhr

Mum und Dad scheinen bemerkt zu haben, wie angepisst und trübsinnig Elliot und ich beim Abendessen aussahen, denn anschließend sagte Dad im Wohnzimmer in die drückende Stille hinein: »Ich möchte ein paar Mitglieder unseres Teams daran erinnern, dass es sich bei der Aktion nicht um eine Strafe handelt.«

»Es fühlt sich nur so an«, sagte ich kaum hörbar.

»Betrachtet es als Reise, die wir alle gemeinsam unternehmen«, sagte Dad.«

»Warum fahrt ihr zwei nicht schon mal vor und erzählt uns später davon«, meinte ich.

19.15 Uhr

In den 1970ern vergeht die Zeit quälend langsam.

DAVON KANN ICH EIN LIED SINGEN.

Mum und Dad haben überall Brettspiele, Kreuzworträtselhefte und Puzzles verteilt.

»Bedient euch einfach, wenn euch etwas interessiert«, sagte Mum im Tonfall eines beflissenen Verkäufers. »Wir haben auch viele neue Sachen gekauft.«

»Seid spontan«, ergänzte Dad. Also schaltete ich ganz spontan den Fernseher an.

Mum sah von ihrem Mandala-Buch auf (»Unglaublich tiefenentspannend«, sagte sie immer wieder.) und stieß ein schockiertes »Oh!« aus.

»Damals gab es doch schon Fernsehen, oder?«, fragte ich.

»Natürlich«, erwiderte Mum schnippisch. »Und falls es eine schöne Sendung gibt, die wir als Familie anschauen können – prima. Meinst du, du kannst etwas finden, das uns allen gefällt, Luis?«

»Ich wusste nicht, dass ich jetzt immer erst eine Prüfung bestehen muss, bevor ich fernsehen darf«, sagte ich und schaltete wieder aus.

19.11 Uhr

Mum hat mich gerade zusammengekauert im Wandschrank gefunden, in dem wir alle Mäntel und Schuhe aufbewahren. »Luis, was in aller Welt machst du hier drin?«, wollte sie wissen.

»Es ist unheimlich aufregend«, sagte ich.

»Wovon sprichst du?«

»Tja, Dad hat seine Hausschuhe noch nicht angezogen. Also kann ich mich darauf freuen. Und später werdet ihr vielleicht einen Spaziergang machen und eure Mäntel holen kommen. Damit ist mein Unterhaltungsprogramm für den Abend gerettet.«

Sie lächelte matt. »Du hast dem Abend überhaupt keine Chance gegeben.«

Ich verbreite ja gern gute Laune, aber es gibt Momente, da muss man ehrlich sein. Und dies war einer davon. »Mum, ich will dich nicht anlügen. Ich habe mich in meinem ganzen Leben noch nie so entsetzlich gelangweilt.«

»Ausgezeichnet«, freute sich Mum zu meiner großen Verwunderung. Dann rief sie Dad zu: »Luis sagt, ihm sei langweilig!«

Er kam zu uns rüber und freute sich wie ein Schneekönig. »Langeweile macht kreativ, Luis. Bis jetzt hast du dich auf deine elektronischen Geräte verlassen, wenn du Zerstreuung gebraucht hast. Und die vermisst du jetzt. Man hat uns gesagt, dass so eine Reaktion häufig auftritt.«

Ich stürzte mich auf diese Information. »Wer hat euch gesagt, dass sie häufig auftritt?« Dann beantwortete ich meine Frage selbst. »Aber natürlich, Digby. Der hat euch auf die Aktion gebracht, stimmt's?«

»Nein ...«, fing Dad an.

»Oh doch!«, rief ich aus und fegte vor Aufregung mehrere Paar Schuhe von den Regalen. »Er hat kein Handy und verbringt seine Zeit lieber damit, fremde Leute zu langweilen. Und jetzt hat er dich mit seinen durchgeknallten Theorien angesteckt.«

»Ach was, Digby hat uns nur ermutigt, mal über den Tellerrand zu schauen.« Dad wurde von Elliot unterbrochen, der die Treppe runtergepoltert kam. Ich war so verrückt zu glauben, dass er mir beistehen wollte.

Doch stattdessen verkündete er: »Ich wollte euch nur sagen, dass ich gerade eine tolle Idee für eine Geschichte hatte und es nicht erwarten kann, sie zu schreiben!«

Mum und Dad glühten vor Stolz. »Siehst du, was ich meinte, Luis«, sagte Dad triumphierend. »Gib der Sache eine Chance. Wer weiß, was sie für dich bewirken kann.«

Im Augenblick will ich nur eines bewirken. Elliot erwürgen.

20.55 Uhr

Es war einer der kältesten Abende des Jahrhunderts, und meine

Eltern BESTANDEN DARAUF, dass die ganze Familie einen Spaziergang unternahm. »Das wird uns allen unheimlich guttun«, sagten sie wieder und wieder.

Und auf dem Weg in den Park deuteten sie ständig auf Sachen. »Schaut mal, da ist ein Baum. Und seht mal, da drüben wachsen Beeren.« Man hätte meinen können, wir wären auf einer Forschungsreise.

Natürlich war der Park völlig verlassen, bis auf zwei Leute, die ihre Hunde ausführten.

»Seht sie euch genau an«, flüsterte Dad verächtlich, »wie sie auf ihre Handys starren und nichts von ihrer Umgebung mitbekommen.«

Tatsächlich gab es an diesem trostlosen, trüben Abend überhaupt nichts zu sehen, und so war es äußerst vernünftig, auf sein Handy zu starren. Außerdem sahen die beiden Hundebesitzer kurz zu uns auf, wie wir einen Ast oder so was bewunderten. Und ich weiß genau, was sie dabei dachten.

Wir hätten genauso gut *In unserer Familie sind alle verrückt* auf die Stirn tätowiert haben können.

Doch mein kleiner Bruder, der Verräter, hopste herum und konnte nicht aufhören, von der tollen Geschichte zu schwärmen, die er geschrieben hatte.

Dann fing Dad auch noch an, uns lang und breit von seinem superklasse Baumhaus zu erzählen und dass er die meiste Zeit im Freien verbracht hatte, als er in meinem Alter war.

»Ich auch!«, rief Mum ganz aufgekratzt. »Ich habe Brombeeren gepflückt, Kaulquappen gesucht, Picknicks veranstaltet, Kastanien gesammelt – was ist nur aus diesen ganzen einfachen Vergnügungen geworden?«

»Die Menschen haben sich weiterentwickelt, Mum«, erwiderte ich.

21.05 Uhr

Der Tag kam mir vor, als wäre ich Mitglied in einer seltsamen Sekte. Die Quälerei hat also gerade erst begonnen, und ich weiß jetzt schon nicht mehr, wie viel ich davon noch ertragen kann.

Vielleicht sollte ich anfangen, mich geistesgestört zu verhalten. Mich mit der Hose auf dem Kopf ins Wohnzimmer setzen und ein Päckchen Vanillepuddingpulver essen.

Aber ich fürchte, meine Eltern würden sich deswegen keine allzu großen Sorgen machen. Sie sind felsenfest davon überzeugt, dass ihre Aktion goldrichtig ist. Digby hat sie einer totalen Gehirnwäsche unterzogen. Das sind nicht mehr meine Eltern, sondern Digbys Klone.

21.08 Uhr

Ist es zu spät, um sie zu bitten, mich zur Adoption freizugeben? Ich bin mit jeder Pflegefamilie einverstanden, solange sie eine schnelle Internetverbindung hat.

Dienstag, 21. Januar
8.05 Uhr

Ich kam in meiner kompletten 1970er-Montur zum Frühstück runter. »Es macht euch doch nichts, wenn ich so in die Schule gehe?«, fragte ich und erwartete, dass sie einen auf strenge Eltern machen würden.

Doch Dad grinste. »Diese Klamotten bringen so viele Erinnerungen zurück.«

»Oh ja«, pflichtete Mum ihm bei. »Wenn du das nächste Mal einen schuluniformfreien Tag hast, darfst du auf jeden Fall so hingehen.«

Dad lachte. »Wir bestehen sogar darauf.«

Dann ließen sie sich darüber aus, was für scheußliche Klamotten sie früher getragen hatten.

Aber ich habe das nicht gemacht, damit sie sich darüber amüsieren können. Es handelt sich um eine Protestaktion. Sie haben es nur überhaupt nicht gemerkt.

Na toll.

16.35 Uhr

Als ich heimkam, fand ich Elliot komplett begeistert vor. Mann, war der aus dem Häuschen.

»Dad ist auf einem seiner Kurse«, verkündete er, »und Mum musste noch mal ganz schnell weg, weil es im Büro eine gewaltige Krise gibt. Und niemand wusste, wie man sie erreichen konnte.«

»Was vermutlich daher kommt, dass sie in einem anderen Jahrhundert lebt.«

»Also«, sagte Elliot und sah mich erwartungsvoll an.

»Also«, echote ich.

»Also können wir nach deinem Handy und meinem Tablet suchen«, sagte er.

Ich schämte mich ziemlich, dass ich da nicht selbst draufgekommen war. »Aber genießt du dein Leben in der guten alten Zeit nicht?«, fragte ich.

»Ein bisschen«, gestand er. »Aber mein Tablet fehlt mir.«

Und mir fehlte mein iPhone ganz gewaltig. Also rannten wir nach oben. Zuerst suchten wir im Elternschlafzimmer, da wo sie üblicherweise die Weihnachtsgeschenke aufbewahren. Es war der Gipfel der Einfallslosigkeit, dass sie tatsächlich genau da alle Gadgets versteckt hatten.

Elliot schluckte gerührt und drückte sein Tablet an sich. Auch ich wurde von starken Gefühlen übermannt, als ich mein iPhone untersuchte. Zu meiner großen Freude schien es völlig in Ordnung zu sein.

Endlich konnte ich mich wieder mit der Welt in Verbindung setzen. Es kam mir vor, als wäre ich jahrzehntelang von der Außenwelt abgeschnitten gewesen, nicht nur zwei Tage.

Hastig checkte ich meine Nachrichten.

Wir waren beide so vertieft, dass keiner von uns hörte, wie die Haustür aufging und eine vertraute Stimme nach uns rief. Wir hörten nicht einmal die Schritte, als zwei Paar Beine die Treppe hochgetrampelt kamen.

Dann wurde die Schlafzimmertür aufgerissen.

Alles voller Schnee

16.35 Uhr (Fortsetzung)

Dad seufzte gequält. »Jungs, ich bin schwer enttäuscht von euch.« Die Person, die bei ihm war, feixte nur überlegen. Ja, genau, es war Digby.

»Luis hatte die Idee und hat mich dazu gezwungen«, sagte Elliot mit weinerlicher Stimme. Der Kurze ließ mich mal wieder im Stich.

Ich lenkte jedoch nicht ein, sondern sagte: »Wir haben nur nach unserem Eigentum geschaut, das uns unrechtmäßig weggenommen wurde.«

»Legt die Geräte hin, meine Herren«, sagte Digby mit seiner leisen, wispernden Stimme.

Ich ärgerte mich maßlos. Er konnte mir doch keine Vorschriften machen. Während Elliot sein Tablet schnell aufs Bett warf, hielt ich mein iPhone eisern fest.

»Luis«, sagte Dad warnend.

Schließlich legte ich mein Handy ebenfalls aufs Bett, aber so sanft, dass niemand überrascht gewesen wäre, wenn ich angefangen hätte, ihm ein Wiegenlied vorzusummen. Ich ließ dabei ein leichtes Lächeln meine Lippen umspielen – tja, ich kann unheimlich cool sein.

Digby sah uns so grimmig an, als hätten wir noch vor dem Frühstück fünfzig Banken ausgeraubt.

»Es ist wichtig, dass wir uns nicht an unseren Fehlern messen. Meine Herren (Ich kann dir gar nicht sagen, wie sehr ich es hasste, wenn er uns so nannte.), ich möchte, dass ihr aus dieser Erfahrung etwas mitnehmt. Also, was habt ihr daraus gelernt?«

»Dass wir uns nicht erwischen lassen sollten«, schlug ich vor.

Dad stöhnte vernehmlich, und Digby sagte, wir müssten ein ordentliches Gespräch über die Sache führen, aber zuerst ließ er uns Atemübungen machen, um die Spannung im Raum abzubauen.

Ich fragte mich gerade, ob ich Digby heute noch eine Sekunde länger ertragen konnte, als Elliot ausrief: »Schaut mal, es schneit!«

Vor dem Fenster wirbelten Schneeflocken herum. Der erste Schnee des Winters ist immer ein besonderer Anblick, aber heute war er noch besser, weil Digby plötzlich sehr angespannt dreinsah und besorgt fragte: »Er wird doch nicht etwa liegen bleiben, was meint ihr?«

»Doch, ganz sicher«, behauptete ich, ohne überhaupt nachzusehen. »Auch Sie sind schon ganz verschneit. Ach nein, das sind nur Schuppen.«

»Benimm dich, Luis«, ermahnte mich Dad.

Aber Digby sagte: »Ich möchte auf keinen Fall im Schnee stecken bleiben.«

»Gewiss nicht«, stimmte ich ihm zu.

»Wenn das so ist«, sagte Digby, »dann werde ich mich ein andermal eurer Gastfreundschaft erfreuen.«

»Aber ich dachte, du wolltest sehen, wie wir mit unserem Experiment vorankommen«, sagte Dad, »und uns ein paar Tipps geben, wie man –«

»Macht einfach damit weiter, virtuelle Erfahrungen durch reale Erfahrungen zu ersetzen«, unterbrach ihn Digby, der bereits total hastig die Treppe hinunterlief.

»Sie schaffen das, Digby«, rief ich ihm hinterher. »Machen Sie einfach ein paar Atemübungen.«

21.02 Uhr

Mum und Dad haben unsere Sachen jetzt woanders versteckt. Aber die große Strafpredigt, die ich erwartet hatte, blieb aus. Das verdanken wir einzig dem Schnee.

Das ganze Abendessen über schauten wir alle aus dem Fenster und sahen den Flocken zu, die ohne Unterlass fielen, und als wir fertig waren, rasten wir alle ins Freie. Ich gab Winterwitze zum Besten:

Was sagte der Hase, als er den Schneemann überfiel?

»Möhre her oder ich hole den Föhn!«

Und:

Wie nennt man den Wein, der am Hang eines Vulkans wächst?

Glühwein!

Dad war total in seinem Element. »Ist das nicht viel besser, als endlos auf Bildschirme zu starren. Jetzt können wir im Hier und Jetzt ... Aua!«

Ich hatte einen Schneeball nach ihm geworfen.

Nur einen kleinen. Aber Dad warf sofort einen zurück und traf mich direkt am Hinterkopf.

Und schon waren wir in eine heftige Schneeballschlacht verwickelt. Sogar Mum machte mit. Es dauerte ewig, bis wir bemerkten, dass es längst zu schneien aufgehört hatte.

»Das war cool«, sagte Elliot.

Ausnahmsweise konnte ich ihm zustimmen.

»Was möchtet ihr jetzt gerne machen?«, fragte Dad.

Ich sagte: »Ich würde gern in mein eigenes Jahrhundert zurückkehren und TikTok und Instagram checken, danach ein Computerspiel spielen und –«

»Wie wäre es stattdessen mit einer Partie Monopoly?«, unterbrach mich Dad.

»Ich würde mir lieber mit einer Gabel die Augen ausstechen«,
murmelte ich.

Aber Dad schwelgte schon wieder in Erinnerungen. »Wisst ihr,
als ich ein Junge war, habe ich mich eurem Großvater nie so nah
gefühlt wie beim Monopolyspielen. Manchmal haben wir das
stundenlang gemacht.«

Also wurde das abgenutzte alte Monopolybrett rausgeholt, das
in der Mitte mit einem Klebestreifen zusammengehalten wurde.
Und Mum brachte ein Tablett mit heißer Schokolade und einigen
Petits Fours. Sie fielen sogar kulinarisch wieder in die alten Zeiten
zurück. Die Petits Fours schmeckten allerdings lecker, das muss
ich zugeben.

Aber Monopoly!

Es ist ganz okay, am zweiten Weihnachtsfeiertag ein paar Nach-
mittagsstunden damit zu verbringen. Nein, eigentlich ist es auch
dann nicht wirklich okay. Aber wenigstens hatte man vorher
ein paar nette Geschenke bekommen, und während des Spiels
brauchte man sich nicht mit den Verwandten zu unterhalten.

Aber wer kommt auf die Idee, sich Ende Januar damit die Zeit
zu vertreiben, wenn es mindestens eine Zillion interessantere Sachen zu tun gibt?

Als es mir endlich gelungen war, mich in mein Zimmer zu

flüchten, tauchte Mum schon wieder auf. Diesmal hatte sie ein verstaubtes altes Puzzle dabei und schlug vor, dass ich es anfing, bevor ich schlafen ging.

Dieser Wahnsinn muss jetzt wirklich ein Ende haben.

Aber wie?

23.08 Uhr

Ja, ich bin immer noch wach, aber ich hatte einen Geistesblitz. Na ja, zumindest einen Geistesfunken.

Ich schreibe eine SOS-Nachricht an Maddy.

Und zwar diese hier:

23.10 Uhr

Hi Maddy,

ES IST ELF UHR NACHTS UND – STELL DIR VOR: ICH SCHREIBE DIR EINEN BRIEF.

Anscheinend haben das die Menschen in vergangenen Zeiten oft gemacht. Edgar tut es vermutlich noch heute. Was wetten wir, dass er eine richtige Schreibfeder besitzt?

Aber eine ordentliche Kommunikation besteht darin, dass ich dir den ganzen Tag dumme Witze schicke, nicht wahr?

Ich kann dir sagen, Maddy, ich habe nur zwei Tage gebraucht, um zu kapieren, dass das Leben ohne iPhone absolut primitiv ist.

Hin und wieder (so etwa alle fünf Minuten) habe ich meine Eltern auf all die Dinge aufmerksam gemacht, die sie verpassen. So habe ich meiner Mum heute Abend gesagt: »Du könntest jetzt gemütlich dasitzen und die ganzen witzigen Katzenvideos anschauen, die du so gerne magst. Ich wette, es wurde gerade ein neues hochgeladen mit einer Katze, die einen großen Hut trägt, tanzt und Klavier spielt.«

Und weißt du, was sie geantwortet hat? »Die Zeit, die man mit der Familie verbringt, ist viel wertvoller.«

Was soll man machen, wenn man Eltern hat, die so verblendet sind?

Und darüber hinaus weigern sie sich, mir zu sagen, wann dieses bescheuerte Experiment enden wird. Es könnte Wochen (wenn nicht gar Monate) so weitergehen, denn sie amüsieren sich prächtig damit, ihre Vergangenheit wieder aufleben zu lassen. Wie grauenhaft mein Leben geworden ist, kümmert sie kein bisschen.

Was soll ich nur tun, Maddy?

Als letztes Mittel bliebe mir noch, ebenfalls einen toten Fisch hinter der Sofalehne zu verstecken. Denk nicht, dass ich nicht versucht wäre, das zu tun.

Hast du irgendwelche anderen Vorschläge? Ich wäre dir irre dankbar. Und kannst du mir schnellstmöglich auf die gleiche antiquierte Art antworten?

Zeit für einen Witz.

Warum benutzen Elefanten keinen Computer?

Sie fürchten sich vor der Maus.

Mit herzlichen Grüßen

dein Freund Luis X

PS:

Was bestellt der Maulwurf im Restaurant?

Ein Drei-Gänge-Menü.

Mission: Rache an den Eltern

Mittwoch, 22. Januar
8.10 Uhr

Ich stapfte durch die viel zu dünne Schneedecke zu Maddys Haus. Sie öffnete. »So weit ist es also gekommen«, sagte ich. »Ich bringe dir einen Brief. Wir könnten genauso gut im viktorianischen Zeitalter leben.«

»Ich finde es irgendwie süß. Oh«, fügte Maddy hinzu, »sie haben gestern Abend den Fisch gefunden.«

»Ach du Scheiße, ich schätze, sie fanden das nicht witzig.«

»Ich habe bis auf Weiteres Hausarrest. Sie waren zutiefst schockiert.« Sie kicherte.

»Was?«

»Sie sind der festen Überzeugung, dass es deine Idee war.«

»Darauf kann ich mir was einbilden.«

Maddys Mum erschien. »Beeil dich, Maddy«, sagte sie, »sonst kommst du zu spät zur Schule.« Dann sagte sie noch widerstrebend: »Guten Morgen, Luis.«

»Hallo – und falls Sie noch Fisch brauchen, dann lassen Sie es mich wissen, okay?« Ihre Mum stob davon, während Maddy jetzt übers ganze Gesicht grinste. »Beantworte meinen Brief so schnell du kannst«, bat ich sie. »Am besten noch schneller.«

8.15 Uhr

Für den Rest des Tages habe ich jetzt keinerlei Möglichkeit mehr, Maddy zu kontaktieren. Ich bin komplett von ihr abgeschnitten. Ich kann ihr weder einen Witz noch ein Foto oder wenigstens ein Smiley schicken. Von einer Nachricht ganz zu schweigen.

Tatsächlich tun mir meine Eltern leid, weil sie so ein Leben führen mussten, als sie in meinem Alter waren. Sie hatten es echt schwer.

Da würde ich viel lieber in der Steinzeit aufwachsen, beispielsweise. Damals gab es noch keine Schule, und in einer Höhle zu leben, wäre lustig. Und die Mammutjagd wäre sicher echt spannend. An der Zeit, in der meine Eltern aufgewachsen sind, gibt es hingegen überhaupt nichts Positives. Wie in aller Welt haben sie das nur ausgehalten?

Ich vermute, dass sie es einfach nicht anders kannten und dankbar waren, dass sie nicht mehr zu Kinderarbeit gezwungen wurden.

ABER ICH KENNE ES ANDERS.

Also werde ich gezwungen, ein total widernatürliches Leben zu leben. Ich bin sicher, die meisten Teenager wären an meiner Stelle längst zusammengebrochen.

16.20 Uhr

Als ich heimkam, lag auf der Fußmatte ein dicker Brief von Maddy.

Dad sah, wie ich ihn mit hineinnahm. »Ist der zufälligerweise von Maddy?«

»Ich schätze ja.«

»Ihr kommt allmählich auf den Geschmack, hm?«

»Na und ob«, behauptete ich.

Bevor ich weiterschreibe, möchte ich dir ein Geheimnis verraten: Es gefiel mir wirklich, einen Brief zu bekommen, zumal Maddy ihn mit Doodles und einem gezeichneten vierblättrigen Kleeblatt verziert hatte. An den Seitenrändern hatte sie in winziger Handschrift Internet-Klatsch gekritzelt.

Den Brief werde ich auf jeden Fall aufbewahren.

Am wichtigsten ist aber, dass sie sogar eine Idee hatte. Ihr Plan heißt *Mission: Rache an den Eltern* (erstklassiger Name) und sieht vor, dass ich STÄNDIG mit meinen Eltern abhänge.

Was immer sie auch machen, ich werde da sein und ihre Aufmerksamkeit einfordern, bis sie mich ANFLEHEN, sie in Ruhe zu lassen und ein Computerspiel zu spielen.

Maddy meint, ich sollte sie zunächst mit Fragen zu meinen Hausaufgaben löchern. Eigentlich habe ich heute Abend gar keine Hausaufgaben auf – zumindest kann ich mich an keine erinnern. Aber keine Sorge, Maddy hat mir einen Haufen Fragen notiert über (zumindest mir) völlig unverständliche Sachen, die ich sie zu meinen angeblichen Hausaufgaben fragen kann.

17.20 Uhr

Mum und Dad haben sich ein Bein ausgerissen, um mir bei den Recherchen für meine angeblichen Hausaufgaben zu helfen.

Dann hat Dad gefragt: »Wieso lassen wir es Luis nicht googeln? Wir haben doch gesagt, dass er den Computer benutzen –«

»Ich finde, wir sollten erst mal in der Enzyklopädie nachlesen«, erwiderte Mum.

»Aber das dauert doch viel länger«, gab Dad zu bedenken.

»Dafür wird es umso befriedigender«, antwortete Mum. Und so zankten sie immer weiter. Ausgezeichnet! Am Ende behielt Mum die Oberhand. Aber es hat unheimlich Zeit gekostet. Und sie ahnen nicht, dass ich noch Fragen in Hülle und Fülle in petto habe.

18.35 Uhr

Das Abendbrot findet heute sehr spät statt, weil die Recherchen für meine Hausaufgaben so lange gedauert haben – und weil unsere Enzyklopädie völlig veraltet ist.

18.58 Uhr

Ich bin jetzt in der Küche und bestürme Mum mit Fragen übers Kochen und alles, was mir sonst noch einfällt. Auch das war eine von Maddys Ideen. Sie sagte, ich soll Mum dabei richtig auf die Pelle rücken und mich direkt vor sie hinstellen, besonders wenn sie einen heißen Soßentopf in der Hand hält.

19.20 Uhr

Ich habe begeistert vorgeschlagen, dass wir in den Park gehen und Fußball spielen. Ich bin mir ziemlich sicher, dass ich Mum leise stöhnen hörte, bevor sie sagte: »Ja, klar, das wird bestimmt lustig.«

19.55 Uhr

Die Nacht ist wieder klirrend kalt. Wir hatten gerade angefangen, als Mum stolperte und in Hundekacke fiel. Sie bestand trotzdem heldenhaft darauf mitzuspielen, selbst als Elliot sie in seinem Übereifer mehrere Male foulte. Dad kam immer wieder außer Atem und geriet einmal so durcheinander, dass er ein Eigentor schoss.

20.25 Uhr

Sobald wir zu Hause waren, schlief Dad in seinem Sessel ein. Natürlich weckte ich ihn sofort, um ihm zu sagen, dass ich dringend seine Hilfe für ein weiteres Schulprojekt brauchte (das natürlich auf Maddys Mist gewachsen war). Er und Mum humpelten davon, um sich in der Garage durch Kisten mit alten, toten Büchern zu wühlen.

21.15 Uhr

Mum und Dad kamen gerade völlig erledigt in mein Zimmer gewankt.

Geschafft. Es hat sich gezeigt, dass so viel Familienleben sie einfach überfordert. Jetzt möchten sie so wenig wie möglich von mir sehen.

»Kommt und setzt euch«, sagte ich, als könnte ich es nicht ertragen, zwei alte Menschen leiden zu sehen. Aber es ist zu ihrem eigenen und zu meinem Besten.

»Heute Nacht werden wir sicher gut schlafen«, sagte Mum.« Sie und Dad lachten wacker. »Wir wollten dir nur sagen …«, fing Mum an.

Ich sah sie erwartungsvoll an.

»Dass wir uns sehr darüber freuen, mit welchem Interesse du deine Hausaufgaben angehst. Du verstehst jetzt sicher, was wir gemeint haben, nicht wahr?«

»Ach ja?«, fragte ich flüsternd. Mein Mund war trocken.

»Es hilft dir wirklich, dich zu konzentrieren, wenn du nicht so viel Ablenkung hast, stimmt's?«

»Nun …«, fing ich an.

»Und jetzt haben wir auch noch diese wirklich wundervolle Enzyklopädie entdeckt!«, rief Mum aufgeregt. »Während du morgen in der Schule bist, werde ich sie durchsehen und am Abend können wir sie gemeinsam studieren.«

»Ich möchte dir auf gar keinen Fall Mühe machen«, sagte ich.

»Das ist doch keine Mühe«, gurrte sie. »Ich lerne dabei auch eine ganze Menge.«

Dann mischte Dad sich ein. »Und weißt du was?«

»Was?«, krächzte ich.

»Heute Abend hat das Wort *Familie* gewaltig an Bedeutung gewonnen.«

21.21 Uhr

Mit normalen Eltern hätte Maddys Plan bestens funktioniert. Sie hätten mich längst angefleht, sie in Ruhe zu lassen. Aber mit meinen Eltern ... es ist, als hätte Digby sie hypnotisiert. Und es scheint so, als könnte ich sie nicht ent-hypnotisieren.

Donnerstag, 23. Januar
7.58 Uhr

Während des Frühstücks lächelten Mum und Dad mich immer wieder strahlend an. Sie denken, ich hätte mich jetzt völlig auf ihre Reise in die gute alte Zeit eingelassen.

16.45 Uhr

Ganze fünfundvierzig Minuten hat Mum mich mit Zeug vollgelabert, das sie über mein (komplett erfundenes) Projekt herausgefunden hat.

Und dann, als ich gerade dachte, das Leben könnte gar nicht schrecklicher werden, rief Elliots Lehrerin an. Elliot hat für die

Geschichte, die er am Donnerstag geschrieben hat, seine bisher beste Note bekommen.

Ich zischte ihn an: »Dank dir bezweifle ich, dass wir unsere Gadgets jemals wiedersehen werden, du Vollidiot.«

»Du bist doch nur neidisch«, quiekte er.

18.20 Uhr

Poppy hat mich angerufen, aus heiterem Himmel.

»Ich habe gehört, dass du in einer Zeitverschiebung lebst«, sagte sie.

»Hat Maddy es dir erzählt?«, fragte ich.

»Ja. Das muss furchtbar sein.«

»So schlimm ist es gar nicht, denn in etwa dreißig Jahren wird das Handy erfunden. So lange halte ich es aus. Übrigens habe ich deine Show gesehen. Du warst echt umwerfend. Ich bin kein bisschen überrascht, dass Noah und Lily Fans von dir sind. Und – oh ja, ich hasse dich.«

»Noah und Lily haben mich in ihre Show eingeladen«, sagte sie.

»Nett von dir, mich über dein Leben auf der Überholspur auf dem Laufenden zu halten!«

»Du denkst wohl, ich hätte angerufen, um zu prahlen.«

»Ich würde es dir nicht übel nehmen«, sagte ich.

»Nein, Luis. Ich habe aus einem anderen Grund angerufen.« Sie atmete tief durch. »Es fällt mir nicht leicht, dich das zu fragen.«

»Was zu fragen?«

Sie nahm einen weiteren tiefen Atemzug.

»Wie würde es dir gefallen, mein fester Freund zu sein?«

Meine neue Freundin

»Aber nur zwanzig, allerhöchstens dreißig Minuten lang«, fuhr sie hastig fort.

»Poppy, was in aller Welt –«

»Hör mir einfach zu, okay? Ich hatte eine tolle Unterhaltung mit Noah und Lily.«

»Olle Angeberin«, nuschelte ich.

»Es ging um *dich*!«, schrie Poppy mich geradezu an. »Ich habe ihnen erzählt, wie man dich an Heiligabend rücksichtslos aus meiner Show rausgeschnitten hat.«

»Das war echt anständig von dir, Poppy«, sagte ich leise.

»Ich weiß. Aber ich habe wohl so viel über dich gequatscht, dass sie am Ende dachten, wir wären zusammen. Und jetzt haben sie uns in ihre Show eingeladen – GEMEINSAM!«

»Das ist super«, freute ich mich, doch dann hielt ich inne.

»Da in ihrer Show nur Paare auftreten, würden sie mich vermutlich nicht allein einladen. Sogar ganz sicher nicht.«

Ich dachte kurz darüber nach. »Das ist ja total frustrierend, aber das kann ich Maddy nicht antun.«

»Oh, Maddy weiß darüber Bescheid«, sagte Poppy.

»Echt jetzt?«

»Ich habe sie zuerst gefragt. Und sie ist begeistert und sagt, dass das eine Riesenchance für dich und mich wäre.«

»Das hat Maddy wirklich gesagt?«

»Ja.«

Ich entspannte mich gewaltig. »Was genau haben wir zu tun?«

»Keine Sorge, du musst mir keinen feuchten Kuss geben oder so. Es wird reichen, wenn wir ein bisschen Händchen halten. Du hast doch keine schwitzigen Hände, oder?«

»Bisher gab es noch keine Klagen«, sagte ich.

Sie fuhr fort: »Wir werden mit Noah und Lily zusammensitzen und über uns reden, denke ich.«

»Klingt gemütlich.«

»Luis, sag Ja. Ich möchte echt keinen anderen als dich lieber als meinen Fake-Freund ausgeben.«

»Und wann findet das statt?«, fragte ich.

»Am Samstagnachmittag.«

»Oh, warte, ich darf doch zurzeit nichts mit modernen Erfindungen zu tun haben.«

»Mach dir deswegen keine Gedanken«, sagte sie. »Ruf Maddy an. Sie wird das für dich klären.«

»Und was hat sie vor?«

»Keine Ahnung. Mein Großvater wird uns übrigens zu Noah und Lily fahren.«

»Das ist alles total verrückt«, sagte ich.

»Ich weiß«, sagte Poppy.

»Also werde ich natürlich mitmachen.«

»Cool. Und jetzt ruf Maddy an.«

Also tat ich es. Maddy gab mir Anweisungen wie in einem Agentenfilm.

»Kein Wort davon zu deinen Eltern. Ich bin um Punkt sieben Uhr bei euch.«

»Aber ich dachte, du hättest Hausarrest«, sagte ich.

»Heute Abend kommen eine Menge Leute von der amerikanischen Firma vorbei, darum wird es für mich ganz leicht sein, mich rauszuschleichen.« Sie fügte noch hinzu: »Geh nicht an die Tür. Deine Eltern sollen aufmachen. Überlass alles Weitere mir.«

Das Ende des Fernsehzeitalters

19.10 Uhr

Um haargenau sieben Uhr klingelte es an der Haustür. Ich tat so, als wäre ich ganz in mein Kartenspiel vertieft. Also ging Dad aufmachen. Ich hörte ihn sagen: »Oh, hallo, Maddy, Luis ist im Wohn-«

Im strengen Lehrertonfall unterbrach ihn Maddy: »Ich bin eigentlich hier, weil ich mit Ihnen und Ihrer Frau sprechen möchte.«

Eine kleine Pause entstand, bevor Dad eine Antwort herausbrachte. »Ach so ... na dann, wir sind alle im Wohnzimmer.«

Mir fiel auf, dass Maddy wieder ihre Schuluniform trug. Wahrscheinlich dachte sie, dass ihr das einen offiziellen Anstrich verlieh. Sie würdigte mich kaum eines Blickes und sagte zu Mum und Dad. »Es tut mir leid, dass ich störe, aber es geht um eine äußerst dringende Angelegenheit.«

Dad rieb unsicher die Handflächen aneinander. »Tja, Maddy, fühl dich ganz wie zu Hause.« Hastig fügte er hinzu: »Also, ich meine –«

»Es tut uns sehr leid, dass du wegziehst, Maddy«, redete Mum dazwischen, »aber ich fürchte, du kannst nicht bei uns wohnen.«

»Oh, das weiß ich«, sagte Maddy leichthin. »Ich bin wegen etwas viel Wichtigerem hier.« Sie klang so feierlich, dass sogar Elliot der Mund offen stand.

»Guten Abend, zusammen«, sagte Maddy und setzte sich.

»Guten Abend«, murmelten Mum und Dad kaum hörbar.

»Danke, dass Sie sich die Zeit nehmen«, fuhr sie fort. »Vermutlich haben Sie schon mitbekommen, dass das Fernsehen bald abgeschafft werden soll.«

»Nein, davon haben wir nichts gehört«, sagte Dad ruhig.

»Aber es kann jeden Tag so weit sein«, sagte Maddy bestimmt. »Die Zukunft gehört den Vlogs. Falls Sie sich fragen sollten, worum es sich dabei handelt –«

»Ich glaube, Luis hat mir das mal gezeigt«, sagte Mum ohne Begeisterung.

»Habe ich«, erwiderte ich.

Maddy erklärte: »Also, in Vlogs laden Leute – vor allem Teenager – Videos hoch. Sie reden über ihr Leben und nehmen Herausforderungen an. Manchmal imitieren sie auch Prominente oder singen. Die Bandbreite ist enorm. Sie haben jetzt schon Millionen von Anhängern und werden überall auf der Straße erkannt.«

»Nicht von mir«, sagte Dad lächelnd.

»Ihre Fanbase ist riesig«, beharrte Maddy. »Und die Vlogger nehmen ihre Verantwortung ernst. Manche lassen die Kamera durchgehend laufen, sogar an Weihnachten. Denn auch da möchten ihre Fans sehen, was sie so treiben.«

»Sehr engagiert«, murmelte Mum, aber ich vermutete, dass sie innerlich darüber lachte.

»Die neuesten Stars der Vlogger-Szene sind Noah und Lily«, fuhr Maddy fort. Dann hob sie die Stimme. »Und ich habe aufregende Neuigkeiten. Luis wurde eingeladen, am Samstagnachmittag im Vlog von Noah und Lily aufzutreten, und zwar gemeinsam mit Poppy, an die Sie sich vielleicht erinnern –«

»Natürlich erinnern wir uns an Poppy«, sagte Dad herzlich.

»Aber wieso in aller Welt wollen die Luis haben?«, wunderte sich Elliot.

Maddy beachtete ihn nicht und schaute meine Eltern an. »Sie können nichts dafür, dass Sie kaum über diese Dinge Bescheid wissen. Es ist so leicht, den Anschluss zu verlieren. Aber Sie müssen verstehen, dass das eine große Chance für Luis ist. Werden Sie ihm erlauben, im Vlog von Noah und Lily zu erscheinen? Antworten Sie nicht sofort. Denken Sie erst eine Minute darüber nach. Und dann sagen Sie JA!«

Ich lächelte sie bewundernd an. Was für eine Agentin! Was für eine Freundin!

»Nun, danke für die Auskunft, Maddy«, sagte Dad, »aber was hast du dazu zu sagen, Luis?«

»Nichts«, erwiderte ich. »Meine Agentin hat bereits alles gesagt.«

Dad sah Mum an. »Ich glaube, darüber müssen wir gar nicht erst nachdenken, oder?«

»Ganz sicher nicht«, stimmte sie zu.

Das klang nicht gerade vielversprechend.

»An Heiligabend«, sagte Dad, »waren wir beide entsetzt, als man Luis aus Poppys Show rausgeschnitten hat. Er hat es verdient, gesehen zu werden. Und darum sind wir überglücklich, dass Luis jetzt eine neue Gelegenheit bekommt, indem er in einem Vlog auftritt. Auch wenn ich immer noch nicht ganz verstehe, warum der anscheinend so populär ist.« Er lächelte, während Maddy und ich uns triumphierend angrinsten.

»Es gibt nur eine Bedingung«, fuhr Dad fort. »Nach dem Interview –«

»Kehre ich zurück in die Steinzeit«, sagte ich.

Dad nickte und fügte zu meinem Entsetzen hinzu: »Wir haben vor, unser Experiment um eine Woche zu verlängern.«

Das waren niederschmetternde Neuigkeiten. Selbst Mum wirkte etwas von den Socken, als sie vor sich hin murmelte: »Oh, davon wusste ich gar nichts.« Aber egal, nichts konnte mir die wirklich tollen Neuigkeiten verderben.

»Und damit ich mehr über diese neuen Trends erfahre, möchte ich euch am Samstag gerne begleiten«, verkündete Dad. »Wie kommen wir hin?«

»Poppys Opa wird Luis abholen«, sagte Maddy. »Aber ich kann nicht mitkommen, weil ich immer noch bis auf Weiteres Hausarrest habe.«

»Wieso denn?«, fragten Mum und Dad gleichzeitig.

»Bloß, weil ich einen toten Fisch im Sofa versteckt habe«, antwortete Maddy. Meine Eltern sahen sie mit vor Entsetzen offenen Mündern an.

»Aber ich würde sowieso nicht mitgehen, da Luis in dem Vlog als Poppys Freund auftritt.«

»Nur vorübergehend«, erklärte ich hastig, »denn ich bin jetzt wieder mit Maddy zusammen.«

»Und keine Sorge«, sagte Maddy, als meinen Eltern die Spucke wegblieb. »In der Welt des Showbusiness passiert so etwas oft.«

20.30 Uhr

Ich habe Maddy angerufen, um ihr zu gratulieren, weil sie bei meinen Eltern so großartige Überzeugungsarbeit geleistet hat und sich auch noch fortschleichen konnte, ohne dass ihre Eltern etwas gemerkt haben.

Dann sagte ich: »Es tut mir leid, dass ich am Samstag so tun muss, als wäre ich Poppys Freund.«

Ich erwartete, dass sie traurig erwidern würde: »Das muss dir nicht leidtun, ich verstehe es.«

Stattdessen lachte sie sich halb kaputt.

20.32 Uhr

Sie hätte sich wenigstens ein bisschen aufregen können.

Das hätte sie schon nicht umgebracht.

Freitag, 24. Januar

Poppy hat gerade angerufen, um die Details für morgen zu klären und zu fragen, ob mit Maddy immer noch alles klargeht.

»Und wie«, sagte ich. »Sie hält das Ganze für den absoluten Brüller.«

Samstag, 25. Januar
11.35 Uhr

Poppy sauste in ihrem Rollstuhl noch schneller in unser Haus, als sie damit auf die Bühne brettert. In etwas gemütlicherem Tempo folgte Poppys Opa, der wie für eine Cocktailparty im neunzehnten Jahrhundert gekleidet war. Er trug einen muffigen grau gestreiften Anzug mit einem hellblauen Einstecktuch.

Poppys Opa war vor vielen Jahrhunderten auch mal Zauberer. Er ist derjenige, der Poppy alles beigebracht hat. Sie sagt, dass sie ihm ihre ganze Karriere verdankt.

Atemlos, als wäre er den ganzen Weg hierher gerannt, keuchte er: »Als ich ein Dreikäsehoch war und zum ersten Mal für eine Fernsehsendung vorgesprochen habe, gab es nur ein einziges Programm. Das muss man sich mal vorstellen. Und alles war noch in Schwarz-Weiß. Jeden Abend war eine Stunde lang Sendepause, damit die Leute ihre Kinder zu Bett bringen konnten. Dagegen heutzutage ...« Er kicherte röchelnd. »So viele Neuerungen und alles zu meinen Lebzeiten. Was sagt ihr dazu?« Er lächelte breit, als erwarte er Applaus dafür. Dann fragte er, ob er noch schnell bei uns auf die Toilette könnte.

»Ich glaube, er ist aufgeregter als ich.« Poppy lächelte und dachte kurz nach. »Nein, das ist unmöglich.«

Poppys Haare wirkten länger und waren alle auf eine Seite gekämmt, sodass sie ein wenig wie eine Meerjungfrau aussah. Sie trug eine glitzernde Halskette und sehr lange Ohrringe.

»Du ...«, fing ich an.

»Ja?«, fragte sie.

»Also, ich komme mir vor, als würde ich einen Star treffen. Ich glaube, du wirst sogar Noah und Lily überstrahlen.«

Es klingelte.

Zu meiner großen Überraschung war es Maddy.

»Ich konnte für ein paar Minuten entwischen und wollte euch beiden Glück wünschen«, sagte Maddy.

»Das ist so lieb von dir«, sagte Poppy und wurde knallrot.

Da die Situation allen ein bisschen peinlich zu sein schien, sagte ich: »Es ist toll, dass ich meine beiden Freundinnen gleichzeitig hier habe. Ihr dürft euch aber nicht um mich streiten.« Ich seufzte schwer. »Wenn ein Junge so heiß ist wie ich, fällt das natürlich schwer.«

Maddy nahm es mit Humor und Poppy errötete noch mehr.

»Habt ihr beide euch auf eure Geschichte geeinigt?«, fragte Maddy.

»Welche Geschichte?«, fragte ich.

»Eure Kennenlerngeschichte«, sagte Maddy ungeduldig. »Wann du dich mit Poppy verabredet hast.«

»Stimmt, das sollten wir besser vorher absprechen«, sagte ich. »Also, Poppy, wir haben uns im Finale von *Kids mit Biss* kennengelernt.«

Maddy nickte zustimmend. »Es ist gut, nahe an der Wahrheit zu bleiben.«

Ich spann weiter: »Als ich sah, wie geschickt du den Herzkönig verschwinden lassen konntest, dachte ich: Das ist ein Mädchen nach meinem Geschmack.«

»Das gefällt mir«, sagte Maddy.

»Dann gefällt es mir auch«, sagte Poppy.

»Außerdem sollten wir auch ein paar peinliche Geschichten zum Besten geben«, meinte ich.

»Die werden Noah und Lily lieben«, sagte Maddy.

»Ich weiß was. Als du meine Eltern kennengelernt hast, Poppy, haben sie dir erzählt, wie ich gelernt habe, aufs Töpfchen zu gehen, und haben dir Fotos davon gezeigt.«

Dann kam Poppys Opa aus dem Bad geschlurft und verkündete, dass es Zeit wurde.

Maddy sagte: »Alle weiteren Details könnt ihr euch auf der Fahrt überlegen«, bevor sie hinzufügte: »Ich finde, ihr zwei gebt ein tolles Paar ab.« Dann rannte sie davon.

Wir stiegen ins Auto – Dad auf dem Beifahrersitz und Poppy und ich hinten.

»Wir werden Noah und Lily kennenlernen«, sagte ich und lächelte Poppy an. »Das sollten wir einfach genießen, meine Freundin!«

Unter lauter großen Stars

15.20 Uhr

Als wir bei Noah ankamen, wunderte sich Dad: »Das ist ja ein ganz normales Haus!«

»Was hast du denn erwartet?« Ich grinste. »Eine fliegende Untertasse?«

»Nun, es ist ja auch ziemlich weit weg von den Pinewood Studios«, sagte Dad.

Poppys Großvater lachte so sehr, dass ihm fast sein künstliches Gebiss rausrutschte. »Sie haben von Noah und Lily wohl noch nicht viel gesehen, oder?«, fragte er.

»Ich habe die beiden noch nie gesehen«, räumte Dad ein.

»Ich habe keine Folge verpasst«, sagte Poppys Großvater. »Sie zeichnen ihre Videos in Noahs Schlafzimmer auf.«

Noahs Mum öffnete die Tür. Sie erklärte, dass Noah und Lily gleich kommen würden, aber dass sie wieder einmal aufgehalten worden waren, weil so viele Fans Fotos mit ihnen machen wollten.

Ich meinte, Dad ungläubig lächeln zu sehen.

»Sie haben viel erreicht«, sagte Poppys Großvater zu Noahs Mum, »Ihr Sohn und seine junge Dame.«

»Als Noah anfing, seine Filmchen zu drehen«, erwiderte sie, »da dachte ich, wie nett es ist, dass er etwas tut, das ihm solchen Spaß macht. Aber ich hätte nie gedacht, dass so etwas daraus werden könnte. Es hat auch eine Weile gedauert, bis er damit Erfolg hatte. Aber als er sich mit Lily zusammengetan hat …«

»Die Chemie zwischen den beiden stimmt einfach«, sagte Poppys Großvater.

Noahs Mum sah zufrieden aus. Sie beugte sich vor und senkte die Stimme. »Ich sollte es Ihnen noch gar nicht verraten, aber sie haben bald ihre eigenen Modemarken.«

»Wie cool ist das denn!«, rief Poppy.

»Oh, ich bin die stolzeste Mutter der Welt.« Sie wandte sich an mich. »In ihrem neuesten Video haben sie euch beide richtig gelungen porträtiert, nicht wahr?«

»Eines fernen Tages darf ich mir das bestimmt ansehen«, sagte ich mit einem bedeutungsvoll finsteren Blick auf Dad.

Aber er erklärte, ohne sich im Geringsten zu schämen: »Wir halten uns zurzeit von den sozialen Medien fern. Wir leben schon seit einer Woche Internet-abstinent und fühlen uns viel besser.«

»Das glaubst auch nur du«, murmelte ich.

»Und wir wollen noch eine Woche dranhängen«, fuhr Dad fort.

»Wow! Wow! Wow. Das ist ja heftig, geradezu zum Fürchten«, kreischte eine schockiert klingende Stimme.

Noah war heimgekommen, gefolgt von Lily, die hastig zu Dad meinte: »Bitte nehmen Sie das meinem unhöflichen Freund nicht krumm.«

»Hey, du brauchst dich nicht für mich zu entschuldigen«, sagte Noah. »Sie sind doch ganz meiner Meinung, nicht wahr, Alter?«

»Du kannst doch einen Fremden nicht mit *Alter* ansprechen«, sagte Lily.

»Was ist daran falsch?«, wollte Noah wissen. »Wie soll ich ihn deiner Meinung nach nennen? Kumpel, Chef oder Eure Lordschaft?«

Ich beobachtete fasziniert, wie Noah und Lily – zweifelsohne die zwei berühmtesten Menschen, die ich je getroffen hatte – einen ihrer kleinen Zwiste austrugen wie auf ihrem Vlog. Nur diesmal direkt vor meiner Nase. Ich fühlte mich geehrt, live dabei sein zu können.

Noah war groß und klapperdürr. Die Haare fielen ihm lang ins Gesicht und sein Grinsen umspielte seine Mundwinkel. Er trug wie immer ein schwarzes Hemd und eine schwarze Röhrenjeans.

Lily war viel kleiner – geradezu zierlich – und sehr hübsch, obwohl ihre Haare heute gelb waren und sie einen hellgrünen Lippenstift aufgetragen hatte. Kein Wunder, dass Dad und Poppys Großvater sie anstarrten wie einen Geist.

»Tut mir leid«, sagte sie zu den beiden, »aber Noah findet, dass ich allmählich langweilig werde.«

»Nicht allmählich! Du bist bereits unerträglich langweilig!«, rief Noah, lachte dabei aber.

»Darum hat er unsere Abonnenten gebeten, verrückte Challenges mit mir zu veranstalten, damit ich nicht mehr so langweilig wirke. Und das ist die erste.« Sie grinste. »Aber Poppy, in einer Sache sind Noah und ich uns einig – genau genommen nur in dieser einen Sache: Du hast das Zeug zum Superstar.«

»Absolut«, stimmte Noah zu.

Er und Lily warteten darauf, dass Poppy etwas dazu sagte. Doch sie lachte nur. Ein bisschen zu laut, wenn du verstehst, was ich meine.

Spielten ihre Nerven verrückt? Das war schon einmal passiert, kurz bevor Poppy ihren Auftritt im Finale von *Kids mit Biss* hatte. Ging das jetzt wieder los?

Dann setzte mein Herz aus. Poppy begann zu zittern, ihre Augen wurden riesig und ihr Blick glasig. Kein Wunder, dass ihr Großvater sie jetzt sehr besorgt musterte. Ich streckte meine Hand nach ihr aus, aber zu meiner Überraschung schob sie sie hastig weg. Es war reines Glück, dass Noah und Lily abgelenkt waren, weil sie Dad ausfragten.

»Ich muss Sie das fragen, Alter«, sagte Noah. »Warum sollte jemand freiwillig auf Social Media verzichten? Ich bin nicht unverschämt«, sagte er zu Lily. »Es interessiert mich wirklich.«

»Natürlich. Ich erkläre es Ihnen«, sagte Dad. »Ich möchte, dass wir uns von den ganzen Geräten befreien, die unser Leben zumüllen – den Handys und Computern –, und uns auf das Hier und Jetzt konzentrieren.«

»Egal wie langweilig das Hier und Jetzt auch sein mag«, sagte ich leise.

»Wir sollten genießen, was um uns herum passiert«, fuhr Dad fort.

»Selbst wenn gar nichts passiert«, sagte ich.

»Und überhaupt, spielt es irgendeine Rolle, was im Internet los ist?«, fragte Dad.

Noah und Lily wichen taumelnd zurück.

»Aber wenn man nicht am Computer oder Smartphone oder online ist, was macht man dann den ganzen Tag?«, keuchte Lily. »Ich kann es mir beim besten Willen nicht vorstellen.«

»Ich wünschte, ich könnte es mir auch nicht vorstellen«, sagte ich.

»Ich meine, es ist sicher bewundernswert, dass Sie sich selbst so treu sind«, fuhr Lily fort, »und ihrem Herzen folgen. Aber mich schockt das auch ganz unglaublich.«

»Dann folgt gleich der nächste Schock«, rief Poppy unvermittelt. »Luis und ich sind kein Paar.«

Poppy schockt alle

Ich war nicht schockiert, nachdem Poppy das verkündet hatte.
ES HAUTE MICH KOMPLETT UM.

Lily ging auf die Knie, hielt Poppys Hand und sagte: »Ich habe schon beim Reinkommen gespürt, dass etwas nicht in Ordnung ist. Ich bin sehr gut darin, Stimmungen wahrzunehmen. Ihr zwei habt euch getrennt, nicht wahr?«

»Gut bemerkt, Lily«, sagte ich prompt. »Genau das ist passiert. Aber Poppy und ich können immer noch über unsere schöne gemeinsame Zeit reden, oder?«

»Nein, das können wir nicht«, widersprach Poppy.

»Nein, können wir nicht?«, fragte ich.

»Nein, denn wir sind überhaupt nie ein Paar gewesen«, sagte Poppy.

»Ach ja, stimmt, wir waren ja gar kein Paar.« Ich lachte unbehaglich. »Mein Gedächtnis ist auch nicht mehr das, was –«

»Es tut mir schrecklich leid, Luis«, unterbrach mich Poppy, »aber ich kann Maddy einfach nicht vergessen.«

»Wer ist Maddy?«, fragten Lily und Noah zugleich.

»Luis' Freundin«, antwortete Poppy.

»Aber Maddy war doch damit einverstanden«, protestierte ich. »Echt.«

Poppys Großvater legte seinen Arm um sie und Lily drückte ihre Hand noch fester. »Seid nicht so verständnisvoll mir gegenüber«, sagte Poppy, »denn das ist alles meine Schuld. Ich habe Luis dazu überredet und –«

»Ich bin froh, dass du uns die Wahrheit erzählt hast«, fiel Lily ihr ins Wort, »denn wir sind zu unseren Fans immer ehrlich. Und da es in unserem Vlog um Paare geht, waren alle unsere Gäste bisher –«

»Das verstehen wir«, sagte ich und sprang auf. Es gab keinen Grund, die Qual noch zu verlängern. »Es war toll, euch beide kennenzulernen. Und jetzt würde ich meine Jacke holen gehen, wenn ich eine angehabt hätte.«

Plötzlich schob Noah Lily in Richtung Tür. »Hört mal, Leute, wartet mal kurz, okay?« Dann verließen er und Lily den Raum. Wir hörten sie vor der Tür aufgeregt flüstern, verstanden aber kein Wort. Was war da los?

Ich setzte mich wieder.

»Du denkst bestimmt, ich hätte sie nicht mehr alle«, sagte Poppy im Flüsterton zu mir.

»Stimmt«, erwiderte ich aufmunternd. Dann drückte ich ihre Hand. Diesmal schob sie sie nicht weg. »Maddy hat über die Aktion gelacht«, sagte ich leise.

»Aber kam es dir nicht so vor, als hätte sie ein wenig zu laut gelacht?«

»Nö, überhaupt nicht.«

Poppy schüttelte betrübt den Kopf. »Du verstehst wohl nicht viel von Mädchen, was, Luis?«

Bevor ich etwas auf diese infame Unterstellung erwidern konnte, kamen Noah und Lily zurück.

»Wir haben Neuigkeiten«, verkündete Lily und lächelte uns mit ihren strahlend weißen Zähnen umwerfend an. »Wir werden vermutlich gleich etwas tun, was wir nie zuvor getan haben. Und das nur, weil wir dein Talent so bewundern, Poppy.«

Poppy senkte bescheiden den Kopf.

»Und was dich angeht, Luis«, ereiferte sich Noah, »du wirst gezwungen, ein Leben zu leben, das den anderen Kindern deiner Generation völlig fremd ist.«

»Also könnten wir dieses eine Mal ausnahmsweise einen Star zusammen mit seinem guten Freund vorstellen«, sagte Lily. »Ihr seid doch gute Freunde?«

»Oh ja«, sagte Poppy sofort.

»Die allerbesten Freunde«, steuerte Poppys Großvater eifrig bei.

»Aber das können wir nur machen« – Lily legte eine bedeutungsvolle Pause ein –, »wenn unsere Fans damit einverstanden sind.«

Dad sah sich augenblicklich um. »Ihre Fans sind also ganz in der Nähe?«

Alle vier Teenager – und sogar Poppys Großvater – grinsten über seine Naivität.

»Du meine Güte«, flüsterte Lily. Dann erklärte sie Dad, dass sie ihre Idee ihren Fans gleich im Internet vorstellen würden. Anschließend würden sie warten, wie viele Male in den nächsten Minuten jemand *Like* anklickte. Lily schüttelte den Kopf. »Es ist schwer zu sagen, wie unsere Fans das sehen werden.«

Im Moment sitzen wir alle noch herum und warten sehr aufgeregt auf ihr Urteil.

16.10 Uhr

Die Ergebnisse sind da.

Und stell dir vor – wir haben massenhaft Likes bekommen.

Es wird also wirklich passieren. Ich habe keine Ahnung, was ich jetzt sagen soll. Die ganzen Geschichten darüber, wie Poppy und ich uns kennengelernt haben, sind damit wohl erledigt.

Aber hey, wen kümmert's?! Poppy und ich werden im Vlog von Noah und Lily auftreten!

16.55 Uhr

Vorsichtig trugen wir Poppy die Treppe hoch. Noah und Lily hatten angeboten, die Aufnahme in der Küche zu machen, aber Poppy bestand darauf, dass sie es schaffen würde, und fügte hinzu: »Das muss in Noahs Zimmer gefilmt werden, sonst wäre es nicht richtig.«

Sobald wir oben waren, entfuhr es mir: »Wow! Dein Zimmer ist ja noch unordentlicher als meins. Ich liebe es!«

»Wenn ich auch nur ein bisschen aufräume, würden meine Fans glatt auf die Barrikaden gehen«, meinte Noah grinsend. »Zumindest ist das meine Ausrede.«

Poppy und ich setzten uns neben Noah und Lily auf kleine Plastikstühle (die alles andere als gemütlich waren, um ehrlich zu sein).

»Vergesst einfach die Kamera. So wie wir«, sagte Noah. Und alles fühlte sich so natürlich an, dass ich mich sofort entspannte und die Webcam, die auf einem Stapel Bücher balancierte, kaum wahrnahm. Poppy ging es ebenso.

Die Aufnahme begann mit ein bisschen Geplänkel über Lilys Challenge. Dann wurden wir vorgestellt als: »Unsere Ehrengäste – die zwar kein Paar sind, aber die ihr trotzdem gerne kennenlernen wollt.«

Als Nächstes führte Poppy Noah und Lily einen Zaubertrick vor. Lily nannte sie »absolut umwerfend« und »total inspirierend«.

Dann sagte Noah: »Ihr werdet nicht glauben, was Luis diese Woche passiert ist.« Er erklärte es kurz, bevor er sagte: »Lass hören, Luis, wie ist das genau für dich gewesen?«

»Tja, meine Eltern haben eines Tages aus heiterem Himmel angekündigt, dass wir in die gute alte Zeit zurückkehren würden. Dann haben sie mir mein iPhone, mein iPad und meinen Laptop weggenommen und mir dafür eine leere Pappschachtel und ein Puzzle aus dem Jahr 1966 gegeben und gefragt: ›Meinst du nicht auch, dass du damit viel mehr Spaß haben wirst?‹«

Okay, ich habe etwas übertrieben, damit es witziger ist, aber Noah und Lily grinsten beide so breit, dass ich gleich weitermachte.

»Während ihr euch heute Abend also hinsetzt, um ein Computerspiel zu spielen oder mit euren Freunden zu chatten, werde ich vier Stunden lang Scrabble spielen oder vielleicht bei heulendem Wind und peitschendem Regen mit meiner Mum und meinem Dad einen schönen, langen Spaziergang unternehmen. Davon werde ich mich vielleicht nie wieder erholen, aber lacht ruhig weiter«, sagte ich mit gespielter Entrüstung, während Noah und Lily vor Lachen fast von den Stühlen kippten. Ich spürte, wie mich Adrenalin durchströmte, genau wie beim Witze-Erzählen.

Als die Aufnahme fertig war, hatte ich Noahs und Lilys Gelächter immer noch im Ohr. Danach fürchtete ich, dass Poppy es mir übel nehmen könnte, dass ich so viel Zeit beansprucht hatte, aber sie sagte nur: »Heute Abend warst du sogar noch witziger als in meiner Show.«

17.10 Uhr

Ich bin wieder daheim und habe Maddy angerufen. Erst habe ich ihr erzählt, wie der Vlog gelaufen ist, dann fragte ich: »Poppy hat sich geirrt, oder? Du hast dir doch wegen heute keine Sorgen gemacht?«

Maddy zögerte. »Wie würdest du dich fühlen, wenn ich so tun müsste, als sei ich Edgars Freundin?«

»Das wäre der Horror für mich«, sagte ich prompt. »Aber du hast doch darüber gelacht, Maddy.«

»Luis, du vergisst wohl, dass ich in der Schule Theater gespielt habe.«

Das hatte ich tatsächlich vergessen.

»Ich wollte nicht, dass du merkst, wie ich mich wirklich fühle«, sagte Maddy, »denn das ist eine große Chance für dich. Aber als ich dich mit Poppy weggehen sah, die heute besonders hübsch war, da zog sich der Knoten in meinem Magen immer mehr zusammen.«

»Und ich habe es überhaupt nicht gemerkt«, sagte ich. »Das tut mir leid.«

»Mach dir nichts draus«, antwortete Maddy. »Dazu fehlt dir das weibliche Einfühlungsvermögen.«

19.10 Uhr

Maddy hat angerufen. Poppy hat ihr geschrieben, dass der Vlog online ist und dass ich *großartig* bin. Sie hat sich das Video schon zweimal angesehen. »Luis, die Lachnummer, ist wieder da! Ich wünschte mir so sehr, dass du es sehen könntest.«

20.05 Uhr

Ich habe Dad gefragt, ob ich diesen einen Vlogbeitrag anschauen dürfe, wenn ich versprach, den PC danach sofort wieder runterzufahren. »Ich schwöre es bei Elliots Leben«, sagte ich.

Dad dachte nach. Ich glaube, dass auch Mum ihn recht hoffnungsvoll ansah. Aber dann lächelte er bedauernd. »Sobald wir eine Ausnahme zulassen, ist der Zauber zerstört.«

WAS FÜR EIN ZAUBER?!

»Sobald unser Experiment beendet ist, kannst du dir den Vlog natürlich immer wieder ansehen, sooft du willst.«

»Und wann genau wird dieses Experiment beendet sein?«, knurrte ich.

»Wir sagen dir Bescheid«, sagte Dad.

Sonntag, 26. Januar
17.00 Uhr

Meine Großeltern sind von ihrer Winterkreuzfahrt zurück und besuchen uns gerade. Sie sitzen immer stocksteif auf unserem Sofa, wie Adlige, die uns eine Audienz gewähren. Das sind keine gemütlichen, apfelbäckigen, ewig lächelnden Großeltern.

Nein, sie fragen dich nach deinem Stundenplan und machen ein erbostes Gesicht, wenn du ihnen nicht gleich die Antwort entgegenschmetterst. Sie sind außerdem keine besonderen Fans des modernen Lebens. Darum ging ich davon aus, dass sie über Dads verrückte Idee vor Entzücken ausflippen würden. Doch sie schienen eher amüsiert.

»Hattest du eine angenehme Woche, Luis?«, fragte Oma.

»In einem Wort: Nein. Es gibt auf der ganzen Welt keinen langweiligeren Ort als dieses Haus.«

»Aber Elliot hat mir erzählt, dass er viel Spaß hat«, sagte Oma.

»Elliot ist verrückt«, sagte ich, »und ändert seine Meinung neunzig Mal in der Minute.« Im Moment war Elliot auf einer Geburtstagsfeier und niemand vermisste ihn.

Dann kamen Mum und Dad dazu. »Wisst ihr, was an dieser Woche so fantastisch war?«, fragte Dad. »Wir reden viel mehr miteinander.«

»Nein, du redest viel mehr und wir müssen zuhören«, sagte ich. Dann wandte ich mich an Oma und Opa. »Könnt ihr mir verraten, wo Dads Ausschaltknopf ist?«

Ich dachte, sie würden mich schimpfen, weil ich so frech war, aber das war mir in diesem Moment schnurz. Ich hatte so die Schnauze voll von allem.

Doch Oma sagte: »Tja, als dein Dad noch bei uns gelebt hat, konnten wir nie den *An*schaltknopf finden, was?«

Sie sah Opa an, der krächzend lachte und dann sagte: »Ich konnte mich glücklich schätzen, wenn ich an einem Tag zwei Sätze aus ihm herausbekam.«

»Das lag vielleicht daran, dass du dich den ganzen Tag hinter der Zeitung verschanzt hast«, regte Dad sich auf.

»Nein«, erwiderte Opa, »es lag daran, dass du nie aus deinem Zimmer rausgekommen bist.«

»Unsinn«, begann Dad.

»Keineswegs«, gab Oma zurück. »Du wolltest immer nur auf deinem Bett liegen und viel zu laut Musik hören. Wir mussten dich zwingen, auch mal nach draußen zu gehen.«

»Aha«, rief ich, »Dad ist also nicht den ganzen Tag an der frischen Luft herumgesprungen, auf Bäume geklettert und hat Kastanien gesammelt –«

»Oh nein«, fielen mir Oma und Opa gleichzeitig ins Wort.

»Soweit ich mich erinnere, hat er das nie gemacht«, sagte Oma.

»Und wenn er mal aus seinem Zimmer kam, dann klebte er förmlich an seinem Walkman –«

»Echt?!«, schrie ich entzückt.

»Wir hielten es für ungesund«, sagte Opa, »dass er diese riesigen Kopfhörer trug und nichts von seiner Umgebung mitbekam.«

»Auch nichts von uns«, sagte Oma.

»Besonders nichts von uns«, meinte Opa.

Ich sprang auf. »Dad möchte also, dass wir Sachen machen, die *er* in unserem Alter nie getan hat. Er bildet sich nur ein, es wäre so gewesen.«

»Nein, damals war wirklich alles anders«, rief Mum.

»Ach ja, Mum?«, fragte ich. »Ihr habt früher den ganzen Tag ferngesehen und Musik gehört und wir zocken den ganzen Tag. Das ist der einzige Unterschied.«

Triumphierend lächelte ich Dad an.

Er räusperte sich unglücklich. »Jetzt mach mal halblang«, sagte er heiser.

Dann klingelte das Festnetztelefon.

Es war Poppy und sie klang unglaublich aufgeregt. Nach dem Gespräch erzählte ich allen die Neuigkeiten. »Das war Poppy, die mich wissen lassen wollte, dass unser Video viral geworden ist.«

Es war kurz still, dann fragte Oma: »Ist das etwas Gutes?«

11.15 Uhr

Meine Großeltern sind gegangen und Elliot ist wieder da. Wir haben zusammen Scrabble gespielt, aber Dad war nicht recht bei der Sache, das habe ich ihm angemerkt. Hinterher saß er gedankenverloren in seinem Sessel. Was Oma und Opa gesagt haben, hat ihn hart getroffen.

Es wird bestimmt nicht mehr lange dauern, dann kehrt hier wieder der Normalität ein.

Montag, 27. Januar
16.45 Uhr

Du wirst absolut nicht glauben, was jetzt passiert ist.

Mum enttäuscht die Familie

Montag, 27. Januar
16.45 (Fortsetzung)

Als ich heimkam, hörte ich jemanden in der Küche quatschen. Die Stimme war nicht zu verkennen. Das war ich.

Wie seltsam, dachte ich.

Führt meine Stimme jetzt ein Eigenleben? Ich öffnete die Küchentür und erwischte Mum an ihrem Laptop, wie sie mich auf dem Vlog von Noah und Lily anschaute. Zu meinem großen Entzücken lachte sie dabei. Jedenfalls bis ich mit einem erstickten Schrei ausrief: »Mum, ich kann nicht fassen, was du da machst, du ungezogenes Mädchen!«

Noch nie habe ich Mum so schuldbewusst aufspringen sehen.

»Du hast gerade nicht nur dich selbst enttäuscht«, fuhr ich fort und hatte dabei einen Riesenspaß, »sondern auch diese Familie. Aber du hast einen großartigen Geschmack bewiesen, weil du mich sehen wolltest.«

Elliot kam in die Küche gelaufen.

»Schau nicht hin«, sagte ich. »Der Schock könnte für einen Knirps wie dich zu groß sein.«

»Oh, Mum«, rief Elliot aufgekratzt und sprang um sie herum.
»Du solltest dich auf die stille Treppe setzen!«

Mum schloss hastig den Laptop. »Schon gut, ihr beiden.« Aber heute war nicht ihr Tag. Denn genau in dem Moment ging die Haustür erneut auf und diesmal kam Dad rein. Und das ausgerechnet in Begleitung von Digby.

»Erzähl Dad, was du gemacht hast«, stichelte Elliot.

Aber Mum brauchte kein Wort zu sagen. Dad sah sofort den Laptop, der wie ein Fremdkörper auf dem Tisch lag, und erstarrte.

»Ich wollte mir nur Luis ansehen«, grummelte Mum, »das ist alles.«

»Und war er so lustig, wie wir erwartet haben?«, fragte Dad.

»Sogar noch lustiger«, sagte Mum.

Dad erklärte Digby strahlend: »Luis ist gerade in einem Vlog aufgetreten, der global geworden ist.«

»Viral«, verbesserte Mum ihn leise.

»Ihr müsst beide unheimlich stolz auf ihn sein«, gurrte Digby. Aber in seinem Tonfall lag ein Hauch Verachtung, den Mum heraushörte.

Sofort erwiderte sie: »Nein, der Vlog hat mir die Augen geöffnet, was für ein großartiges Talent Luis hat, Menschen zum Lachen zu bringen. Manchmal bemüht er sich etwas zu sehr mit den ganzen Witzen, aber im Vlog lief es ganz mühelos. Er war geradezu … umwerfend.«

»Hey, danke, Mum«, sagte ich. Ihr Lob freute mich riesig, aber es war mir auch ein bisschen peinlich.

Digby lächelte sie herablassend an. »Ich bin sicher, bis dieses wunderbare Experiment vorbei ist, wird dieser junge Gentleman noch viele andere, noch größere und bedeutungsvollere Talente an sich entdeckt haben.« Er hob besänftigend die Hand und seine Stimme wurde sehr weich. »Ich kann nach wie vor eine große Anspannung hier im Raum spüren.«

»Die von Ihnen verursacht wird«, dachte ich.

»Darum möchte ich, dass ihr euch alle zu mir gesellt.« Und bevor wir wussten, wie uns geschah, saß er im Schneidersitz auf dem Boden. »Lasst uns unsere eigene Blase der Ruhe erschaffen. Und dann können wir ...«

»Um ehrlich zu sein, Digby«, fuhr Dad ihm ins Wort, »solltest du lieber aufstehen, okay? Ich halte es für das Beste, wenn du gehst, damit wir das untereinander ausmachen können.«

»Oh, aber ich wollte euch mit Rat und Tat zur Seite stehen«, sagte Digby.

»Danke, aber jetzt nicht«, sagte Dad bestimmt.

Es war ein toller Augenblick. Digby lächelte unentwegt selbstverliebt weiter, dabei war er sicher schwer getroffen. Er sagte, er fände allein hinaus. Also blieben wir in der Küche.

Mum meinte: »Ich muss es einfach mal sagen. An diesem Mann stört mich etwas. Er lächelt für meinen Geschmack zu viel.«

»Ich wette, er isst sein eigenes Ohrenschmalz«, sagte ich.

Elliot begann unkontrolliert zu lachen, während Dad leise sagte: »Ich muss zugeben, dass mir nicht gefallen hat, wie er Luis' Vlogauftritt schlechtgemacht hat. Und ich glaube nicht, dass das Leben so einfach ist, wie er ...«

Dad hielt mit entsetztem Gesicht inne, während ich mich diebisch freute.

Im Türrahmen stand kein anderer als Digby. Anscheinend war ihm an der Haustür eingefallen, dass er seinen Schirm vergessen hatte. Und er dachte, er hätte ihn in der Küche vergessen. Dort stand er auch. Dad reichte ihm den Schirm. Die Stille war zum

Schneiden. Diesen Moment hätte ich um nichts in der Welt verpassen wollen.

Als Digby sich schließlich aus dem Staub machte – Dad begleitete ihn diesmal zur Tür, um sich zu versichern, dass er wirklich abdampfte –, wurden Elliot und ich nach oben geschickt.

»Das ist ungerecht«, jammerte Elliot. »Mum war ungezogen, aber wir müssen in unsere Zimmer!«

»Keine Sorge, Kurzer«, erwiderte ich. »Ich sage mit großer Zuversicht voraus, dass wir bald wieder im 21. Jahrhundert ankommen werden.«

17.10 Uhr

Und wieder fand ein Familienmeeting statt. Dad schenkte Elliot und mir ein schwaches Lächeln. »Wir wissen, dass die letzte Woche für euch beide ganz schön knifflig war. Aber wir hoffen, dass ihr sie genossen habt.«

»Oh ja«, sagte ich, »die Woche habe ich genossen, nur nicht das, was in der Woche passiert ist.«

»Es ging uns gar nicht so sehr darum, in der Vergangenheit zu leben, sondern um eine vorübergehende Internetabstinenz. Ich denke, die hat uns allen gewaltig gutgetan.« Dann ließ Dad die Schultern hängen. »Und doch können wir den Fortschritt nicht bekämpfen. Es ist unabwendbar, dass sich die Dinge verändern.«

»Auch wenn es niemandem gefällt«, sagte Mum. »Du siehst es ja selbst, Luis.«

»Ich?«, wunderte ich mich.

»Ja, es gefällt dir nicht, dass Maddy nach Amerika zieht, nicht wahr?«

»Mum, das ist etwas völlig anderes als das, was du und Dad gemacht habt.«

159

»Nicht wirklich«, sagte sie. »Du musst daran denken, dass Maddys Vater ein einzigartiges Angebot bekommen hat.«

»Behauptet er«, murmelte ich.

»Und dazu gehört, dass er und seine Familie eine sehr schwierige Veränderung durchmachen, die zugleich eine wunderbare Chance ist.«

»Für ihn, nicht für Maddy«, blaffte ich.

»Auch für Maddy könnte es eine Chance sein«, sagte Mum leise und sah mir dabei direkt in die Augen.

»Also, kann ich jetzt mein Tablet wiederhaben?«, forderte Elliot unvermittelt.

»Ja, genau darüber reden wir doch hier gerade«, sagte ich verärgert.

Mum warf Dad einen kurzen Blick zu. »In Ordnung, ihr dürft beide eure Sachen wiederhaben.« Sie verriet uns, wo alles versteckt war. Sofort raste Elliot nach oben. Ich wollte ihm gerade folgen, als das Telefon klingelte. Es war Maddy.

Ich kam nicht dazu, ihr die bedeutenden Neuigkeiten mitzuteilen. Sie redete so schnell, dass ich sie zuerst gar nicht verstand. Und dann konnte ich es nicht glauben. Es war absolut unfassbar. Schnell legte ich auf und gellte die Treppe hoch: »Was auch immer du gerade tust, Elliot, fass auf keinen Fall dein Tablet an!«

Sein Kopf erschien über dem Geländer. »Wieso?« Mum und Dad kamen aus der Küche gelaufen.

»Maddy kennt jemanden bei der Lokalzeitung. Er möchte uns heute Abend noch interviewen.«

»Uns?« Dad sah verwirrt aus.

Ich erklärte es. »Maddy hat gesagt, dass im Internet alle von unserem Abstecher in graue Vorzeiten fasziniert sind, und sie möchten sehen, wie wir jetzt leben.«

»Sehen, wie wir jetzt leben?«, wiederholte Dad kopfschüttelnd. »Wir sind doch keine Freakshow!«

»Doch, Dad, das sind wir, und es ist großartig, denn wir sind jetzt berühmte Freaks, und das finde ich grandios.«

»Und du möchtest wirklich, dass wir unser Experiment fortsetzen?«

»Auf jeden Fall. Im Moment kann ich mir gar nichts Besseres vorstellen, als in ein Zeitloch gefallen zu sein. Wie wäre es, wenn die Reporter sehen, wie wir es uns mit einer fesselnden Partie Monopoly gemütlich machen oder ein riesiges Puzzle legen?«

Dad schaute Mum an. »Möchtest du ein berühmter Freak sein?«

Sie lachte. »Wieso nicht? Ich bin auf jeden Fall stolz auf das, was wir versucht haben.«

20.03 Uhr

Der Reporter, Bret – der aussah, als wäre er gerade mal eine Woche älter als ich –, kam, als wir gerade eine aufregende Partie Schnauz spielten.

Es war ganz amüsant, auf eine mottenzerfressene Art, besonders weil Elliot ständig »Schnauz!« rief, obwohl er gar nicht die passenden Karten hatte.

Bret lachte viel und beobachtete uns, als wären wir eine neue Spezies, die er eben entdeckt hatte. »Ich bin sicher, dass unsere Leser von diesem Gag fasziniert sein werden«, sagte er.

»Das war kein – ist kein«, korrigierte Dad sich hastig, »*Gag*. Es ist ein Versuch, etwas ganz Besonderes wiederzuentdecken, das im modernen Leben verloren gegangen ist. Ich will meiner Familie eine Erfahrung schenken, an die sie sich für immer erinnern wird.«

Die letzten Tage werde ich mit Sicherheit nie vergessen, sosehr ich es mir auch wünschen mag.

20.35 Uhr

Poppy hat angerufen. Noah und Lily sind »total von den Socken« über die Resonanz auf unseren Vlogbeitrag.

Sie sagt: »Alle finden dich zum Brüllen komisch. Und sie können nicht fassen, was deine Eltern dir zumuten.«

»So schlimm ist es gar nicht«, sagte ich.

»Was?!«, rief Poppy.

»Also gut, es ist schlimm. Aber du musst dir klarmachen, dass die Computer gerade erst erfunden worden waren, als Mum und Dad aufgewachsen sind. Jedenfalls die Computer, die man daheim stehen hat. Ich glaube sogar, dass keiner der beiden je im Leben ein Computerspiel gezockt hat.«

»Mein Großvater auch nicht«, sagte Poppy, »bis ich es ihm gezeigt habe. War gar nicht so einfach, ihm das zu erklären. Am Anfang war er völlig verwirrt, aber jetzt lädt er sich ständig Spiele auf sein Handy und vom Smart-TV runter.«

Ich dachte kurz nach. »Dann ist es also meine Aufgabe, den beiden das Internet zu erklären. Alle Kinder sind im Grunde verpflichtet, dafür zu sorgen, dass ihre Eltern nicht den Anschluss verlieren. Ich meine, wie konnte ich meinen Dad durchs Leben gehen lassen, ohne dass er weiß, wie man einen Zombie zerstört?«

»Das hättest du ihm unbedingt beibringen müssen«, fand Poppy.

»Ich weiß. Ich schäme mich regelrecht. Und ich wette, Mum wäre sehr gern eine Meisterin der Zerstörung. Ich glaube sogar, dass sie dafür ein Naturtalent hat. Weißt du was, Poppy, sobald sie wieder normal geworden sind, werde ich sie sofort updaten. Das ist ein Versprechen.«

Dienstag, 28. Januar
8.15 Uhr

Wir waren noch beim Frühstück, als jemand von der Onlineausgabe der *Times* anrief, um mit uns allen ein Telefoninterview zu führen. Jetzt werden wir national bekannt.

16.00 Uhr

Dad hat gesagt, dass das Telefon den ganzen Tag unentwegt geläutet hat. Heute Abend kommen noch mehr Leute, die uns interviewen wollen. Indem wir dem Internet den Rücken zugewendet haben, wurden wir dort zum meistdiskutierten Thema.

Ich habe Mum und Dad gefragt, ob unser Experiment noch einen Tag weitergehen kann.

»Wir können jetzt nicht aufhören!«, sagte ich. »Nicht, solange die ganze Welt uns dabei zusieht.«

Regeln für Maddy

Mittwoch, 29. Januar
9.20 Uhr

Als ich das Schulgebäude betrat, rief mir ein Mädchen zu: »Du bist überall im Netz.« Sie klang gleichzeitig schockiert und beeindruckt.

Dann hielten mir einige Jungs ihre Handys vor die Nase (wir sollen keine Handys in die Schule mitbringen, aber alle machen es). »Erkennst du die?«, fragten sie.

»Nein. Was mögen das für seltsame Zauberdinger sein?«, entgegnete ich. »Ich komme aus den Nebeln der Vergangenheit, wo noch kein Auge dergleichen erblickt hat.«

Ich hatte bisher noch nicht verraten, dass ich mein iPhone nicht benutzen durfte. Die anderen Kinder an der Schule halten mich sowieso schon für ziemlich merkwürdig.

Aber jetzt, wo ich ein Internetstar bin, liegt die Sache völlig anders.

11.30 Uhr

Eine Vertretungslehrerin hat mich gebeten, nach dem Unterricht noch zu bleiben. Sie sagte, sie und ihre Tochter Maisie hätten *meinen Vlog* (so nenne ich ihn gern) dreimal angeschaut. »Und jedes Mal hast du meine Tochter zum Lachen gebracht«, sagte sie.

Dann sagte sie, dass ihre Tochter total aufgeregt sein würde, dass ihre Mutter mich kennengelernt hat, und bat mich, Maisie »eine Art Autogramm« zu geben. Das war mein tollster Schultag seit Wochen.

16.15 Uhr

Auf dem Heimweg rief mir ein Nachbar zu: »Du bist auf der Titelseite der Lokalzeitung.« Ich kaufte sofort eine. Meine ganze Familie war abgebildet, wie sie fröhlich lachend Schnauz spielte. Wir waren auch das Top-Thema der Woche. »Würden Sie Ihre Kinder bitten, ohne die neue Technologie zu leben?«

20.25 Uhr

Einer der Journalisten, die uns heute Abend interviewt haben, nannte meine Eltern »eine Inspiration«.

Hinterher sagte Mum: »Sehr viele Leute haben gesagt, dass sie uns für unser Experiment bewundern.«

»Ich wette, da war kein Teenager dabei«, sagte ich. Mum musste zugeben, dass ich recht hatte.

Ich hoffe sehr, dass dieser ganze Ruhm meinen Eltern nicht zu Kopf steigt. Im Gegensatz zu mir sind sie es nicht gewöhnt, im Licht der Öffentlichkeit zu stehen.

20.40 Uhr

Ja, es ist toll, so angesagt zu sein.

Aber selbst meine Popularität entschädigt mich nicht dafür, dass ich von allem ausgeschlossen bin, was um mich herum passiert.

Wenige meiner Mitschüler könnten das verkraften. Es würde mich nicht überraschen, wenn ich dafür sogar eine Medaille bekäme. Aber am meisten vermisse ich Maddy. Für eine richtige Unterhaltung ist das Festnetz völlig ungeeignet. Und in eineinhalb Wochen fliegt sie schon in die USA. Nein, das konnte ich immer noch nicht verhindern.

Aber ich kann endlich dafür sorgen, dass wir nicht länger in die gute alte Zeit verbannt sind. Ist mir egal, wie viele Leute uns noch interviewen wollen. Morgen setze ich dem Ganzen ein Ende.

Donnerstag, 30. Januar
17.25 Uhr

Tatsächlich musste ich der Sache kein Ende setzen. Mum erzählte uns, dass sie morgen wieder zur Arbeit gehen müsste, also hielten sie und Dad es für einen geeigneten Augenblick, um »unser faszinierendes Experiment« endlich zu beenden.

»Ich glaube, wir haben alle viel gelernt«, fuhr Mum fort. »Euer Vater und ich haben gewiss –«

»Wo wir gerade vom Lernen reden, Mum«, griff ich den Faden auf. »Ich würde dir und Dad gerne alles über Computerspiele beibringen. Es tut mir leid, dass ich euch nicht schon früher auf den neuesten Stand gebracht habe. Aber dafür ist noch ausreichend Zeit. Und ich werde auch viel Geduld mit euch haben.« Ich lächelte einladend, aber weder Mum noch Dad schienen von meinem großzügigen Angebot so begeistert zu sein, wie ich erwartet hatte. Ja, sie ignorierten es komplett.

Mum war nicht zu bremsen. »Ja, wir müssen Veränderungen akzeptieren, aber wir können mit ihnen nach unseren eigenen Regeln umgehen.«

Was faselte Mum jetzt?

Sie fuhr fort: »Darum werden wir von heute an bei Mahlzeiten keine Handys zu Tisch mitnehmen. Stattdessen werden wir uns auf gute, altmodische Art unterhalten, so wie es bei uns früher üblich war. Wie findet ihr das?«

»Ein Karateschlag in die Nieren wäre mir lieber«, sagte ich. »Und überhaupt, was ist, wenn uns der Gesprächsstoff ausgeht?«

Dad lächelte. »Dann müssen wir eben schweigend weiteressen.«

»Das bedeutet, dass wir Elliot beim Schmatzen und Knirschen zuhören müssen – na toll«, sagte ich.

»Aber ich freue mich auf lebhafte Gespräche«, sagte Dad.

»Außerdem«, verkündete Mum, »darf Elliot nach sieben Uhr sein Tablet nicht mehr in seinem Zimmer benutzen.« Er keuchte laut. »Und für Luis endet die iPhone-Zeit um neun Uhr.«

»Mum, ihr dürft mich da nicht mit einbeziehen. Mir wachsen schon Achselhaare.«

»Oh doch, das dürfen wir«, sagte Mum rasch.

»Und wie soll das ablaufen? Kommt ihr in mein Zimmer und sagt: ›Luis, gib uns dein Handy wie ein braver kleiner Junge, oder du darfst morgen nicht zum Spielen rausgehen. Dafür bekommst du diesen Lutscher, ja?‹«

»Keine schlechte Idee.« Mum grinste Dad an.

Ich schüttelte den Kopf. »Ihr zwei schießt den Vogel ab.«

»Wir betrachten das als Kompliment«, sagte Dad.

»Eines Tages werdet ihr uns danken«, versicherte Mum.

»Verlasst euch da besser nicht drauf«, murmelte ich.

17.18 Uhr

Endlich sind mein iPhone und ich wieder vereint!

Ich rief umgehend Maddy an und erzählte ihr, dass meine Eltern mein Handy jeden Abend konfiszieren wollten. »Es ist ein Wunder, dass ich nicht mit einer Sauerstoffmaske in einer Ambulanz weggekarrt werden musste, nachdem ich das erfahren hatte. So viele Schocks hintereinander verkraftet doch kein Mensch!«

»Sie werden es bald vergessen«, sagte sie.

»Das bezweifle ich«, erwiderte ich. »Man darf einem Teenager doch nicht nachts sein iPhone wegnehmen. Das ist eine allgemein bekannte Tatsache, sozusagen. Okay, vielleicht habe ich das nur erfunden. Aber ich kann dir sagen, Maddy, mein sorgloses, lebensfrohes Dasein ist jetzt nur noch eine ferne Erinnerung.«

»Ich habe auch Neuigkeiten«, sagte Maddy. »Wir reisen eine Woche früher als geplant ab. Die Firma möchte Dad anscheinend möglichst schnell haben. Am Montag fliegen wir schon.«

»Maddy, ich …« Aber ausnahmsweise fehlten mir die Worte.

»Ich möchte nicht fort, Luis«, sagte sie.

»Und ich möchte nicht, dass du gehst.« Als ich das sagte, liefen mir Schauer den Rücken hinunter.

»Ich habe diese grässliche Angst, dass ich dich vielleicht nie wiedersehen werde«, fuhr sie fort.

»Nein … nein, das werde ich einfach nicht zulassen.«

»Mein Hausarrest wurde aufgehoben.«

»Na, immerhin!«

»Und ich rede immer noch nicht mit ihnen, was sie total nervt. Ich weigere mich sogar, beim Packen zu helfen«, sagte sie.

»Beim Packen!«, wiederholte ich ungläubig.

»Ja, das macht man so, wenn man umzieht, Luis«, ergänzte sie. »Immerhin verlasse ich dich in einer Zeit, in der du der berühmteste Junge im Internet bist.«

»Das ist vielleicht ein bisschen übertrieben«, sagte ich, bescheiden wie immer. »Aber das bedeutet alles nichts, wenn du nicht hier bei mir sein kannst.«

21.05 Uhr

Jetzt wurde mir mein Handy einfach gemopst und ich bekomme es erst morgen früh wieder. So läuft das jetzt bei uns.

Dad war allerdings schockiert, dass ich nicht noch mehr Aufhebens deswegen gemacht habe. Ich war einfach gedanklich zu sehr mit etwas anderem beschäftigt.

Freitag, 31. Januar
15.00 Uhr

In der Schule stehe ich immer noch im Mittelpunkt des Interesses. Aber ich kann an nichts anderes denken als daran, dass Maddy am Montag geht. Es bleibt mir kaum noch Zeit, etwas zu unternehmen. Irgendetwas.

Und wer weiß, wann ich Maddy wiedersehen werde. Natürlich werde ich sie ständig sehen, wenn ich erwachsen bin.

Aber bis dahin vergeht noch eine Ewigkeit. So lange kann ich nicht warten.

Dann, mitten in einer Doppelstunde Geschichte, hatte ich einen unglaublichen Geistesblitz. Und er war ausgerechnet durch etwas ausgelöst worden, worüber Mum gefaselt hatte.

Aber natürlich …

15.05 Uhr

Damit meine Idee funktionierte, muss ich allerdings ein ordentliches Dokument vorweisen, das total offiziell und langweilig klingt.

Hm, wer könnte so etwas wohl hinbekommen?

16.50 Uhr

Ich glaube, Dad war ziemlich überrascht, als er Edgar und mich in meinem Zimmer in eine Unterhaltung vertieft vorfand. Wir wussten, dass wir schnell handeln mussten, also zögerten wir nicht. Und als wir fertig waren, sagte Edgar feierlich: »Das könnte Geschichte machen. Oder zumindest Maddys Leben verändern – und natürlich auch unseres.«

Wir werden es heute Abend bei Maddy abliefern.

19.50 Uhr

Als Edgar und ich heute Abend bei ihr aufkreuzten, war Maddy gleichzeitig schockiert und glücklich. »Ihr habt euch ja schick gemacht«, sagte sie. Ich trug einen Anzug und Edgar trug unter seinem Jackett sogar eine Weste.

»Mein Kollege und ich haben an etwas gearbeitet, das unsere seltsame Aufmachung erklären wird«, sagte ich. »Wir würden es dir gerne zeigen.«

Wir gingen ins Wohnzimmer. Ein breites Lächeln erhellte Maddys Gesicht, als sie zu lesen anfing. Dann wurde es noch breiter. Es war ein wunderschöner Anblick. Schließlich sagte sie leise: »Das ist unglaublich.« Ohne ein weiteres Wort unterschrieb sie alle Kopien und eilte davon, um ihre Eltern zu holen.

Ich schätze, sie waren gewaltig überrascht, dass Maddy wieder mit ihnen redete. Sie kamen ins Wohnzimmer gelaufen. Sie freuten sich über Edgar – und kein bisschen über mich. Ich bin sogar ziemlich sicher, dass sie ein bisschen in den Knien einknickten, und meinte zu hören, wie sie dachten: *Was hat der Junge denn nun wieder ausgeheckt?*

»Bitte setzen Sie sich und machen Sie es sich bequem«, sagte Edgar zu ihnen.

»Ihr seht beide sehr elegant aus«, bemerkte Maddys Mum und lächelte schwach. »Was soll das alles?«, fragte sie. Sie setzte sich auf die Sofakante, während Maddys Dad stehen blieb.

Ich sagte: »Meine Mum meint, dass Veränderungen unvermeidlich seien.«

»Das stimmt allerdings«, stimmte Maddys Mum sogleich zu. »Aber sie meint auch, dass wir mit den Veränderungen nach unseren eigenen Regeln umgehen können. Falls Sie mir nicht glauben, können Sie sie anrufen.«

»Nein, nein.« Maddys Mum bekam große Augen, während sie sich fragte, worauf ich hinauswollte. Maddys Dad wand sich ungeduldig.

Edgar übernahm. »Wir haben also in Maddys Auftrag ein paar Regeln zusammengestellt.«

»Wie bitte?!«, zischte Maddys Dad.

»Sie stehen in diesem Dokument, das Maddy bereits unterzeichnet hat, wie Sie sehen können«, fuhr Edgar fort.

Er reichte Maddys Eltern Kopien des Dokuments.

»Damit Sie gleich unterschreiben können, habe ich zwei Füller dabei«, sagte Edgar.

Keiner von Maddys Eltern reagierte. Sie konnten ihn nur mit offenem Mund anstarren, als er ihnen die Papiere reichte.

Ich möchte sie dir auch zeigen.

Aber da es sich um ein total rechtskräftiges Dokument von juristischer Tragweite und höchster Wichtigkeit handelt, verdient es sein eigenes Kapitel.

DER VERTRAG

DIES IST EIN RECHTSKRÄFTIGES DOKUMENT,
IN DEM FESTGEHALTEN WIRD, DASS

- MADDY IN SÄMTLICHEN FERIEN (WEIHNACH-
TEN, OSTERN, SOMMERFERIEN) FÜR EINE MIN-
DESTAUFENTHALTSDAUER VON SIEBEN TAGEN
NACH ENGLAND ZURÜCKKEHREN DARF.

- IHRE ELTERN – IM FOLGENDEN ALS »ELTERN«
BEZEICHNET – WERDEN DEM GERNE UND FREU-
DIG ZUSTIMMEN, OHNE DESWEGEN JEMALS IM
GERINGSTEN ERZÜRNT ZU SEIN.

- SIE WERDEN IHR AUCH NICHT VORHALTEN, WIE
TEUER DAS IST.

- MADDY WIRD WÄHREND IHRES BESUCHS IM
HAUSHALT VON LUIS WOHNEN. (Luis wird sicher-
stellen, dass sein Zimmer blitzblank ist, bevor er es ihr
überlässt und auf dem Sofa schläft.)

- SOLLTEN DIE ELTERN DIESEN BEDINGUNGEN NICHT ZUSTIMMEN, BEHÄLT MADDY SICH DAS RECHT VOR, WEITERHIN AUFSÄSSIG UND UNEINSICHTIG ZU SEIN.

- DIE ELTERN WERDEN SICH STETS VERGEGENWÄRTIGEN, DASS MADDY IHR EIGENES GLÜCK FÜR DAS IHRE AUFGIBT.

Ort, Datum

_____

Unterzeichner:

Maddy

Maddys Eltern

Vier Zeugen

Großartige Neuigkeiten

11.50 Uhr (Fortsetzung)

Die Stille dehnte sich aus, während Maddys Eltern das total rechtskräftige Dokument lasen.

Ich hoffte, dass ihr schlechtes Gewissen sie quälte. Aber Maddys Dad sah nicht gerade schuldbewusst aus, als sein Gesicht einen furchterregenden Rotton annahm. Er klang auch nicht schuldbewusst, als er dröhnte: »Dazu kann ich nur sagen –«

»Das ist hochinteressant«, unterbrach ihn Maddys Mum. »Und ich denke, bevor wir etwas dazu sagen«, fuhr sie an ihren Mann gewandt fort, »sollten wir uns kurz darüber unterhalten.«

»Tun Sie sich keinen Zwang an und beratschlagen Sie sich in jedem von Ihnen gewünschten Raum«, sagte Edgar.

Nachdem sie fort waren, sagte ich: »Dein Dad sieht reichlich wütend aus.«

»Nein, so sieht er immer aus«, sagte Maddy.

Dann kamen ihre Eltern zurück. Sie blieben in der Tür stehen.

»Wie wir sehen, hast du bereits unterschrieben«, sagte ihre Mum.

»Ja, denn ich halte es für einen genialen Vertrag«, erwiderte Maddy bestimmt.

»Meine Füller liegen bereit«, warf Edgar ein.

»Falls«, und Maddys Mum betonte das Wort sehr deutlich, »wir zustimmen, wirst du dann mit uns über unser neues Leben in Amerika sprechen?«

Maddy zögerte und ich konnte es nachvollziehen. Es war etwas an der Art, wie ihre Mum »unser neues Leben in Amerika« gesagt hatte. Es hatte sich angehört, als würde sie über eine zwanzigjährige Haftstrafe reden.

Aber schließlich meinte Maddy: »Ja, das werde ich.« Maddys Eltern wechselten einen Blick.

»Schau, Maddy«, sagte ihr Dad, »natürlich darfst du hierher zurückkommen und deine Freunde besuchen. Das hatten wir sowieso eingeplant. Auch wir möchten von Zeit zu Zeit wieder herkommen.«

»Verzeihung«, sagte Edgar, »aber in diesem Dokument heißt es: in sämtlichen Ferien.«

»Und für mindestens eine Woche«, gab ich meinen Senf dazu.

»Nein, tut mir leid«, begann Maddys Dad, »aber wir können uns nicht darauf festlegen lassen ...«

Aber dann meinte Maddys Mum: »Maddy könnte doch bei einer ihrer Schwestern bleiben. Die würden sich sehr darüber freuen, sie zu sehen – falls Maddy herkommen möchte.« Sie sah ihren Mann wieder direkt an.

Ich wusste genau, was dieser Blick bedeutete. Maddy würde sich bald so gut einleben, dass sie Edgar und mich schnell vergessen würde.

Maddys Eltern kennen ihre Tochter überhaupt nicht.

Maddys Dad seufzte schwer. »Na gut, wir sind einverstanden«, sagte er rasch. »Aber deswegen brauchen wir nicht zu unterschreiben.«

»Ich möchte, dass ihr es unterschreibt«, bat Maddy.

»Nein, tut mir leid, das ist –«, begann ihr Dad.

»Etwas, das wir gerne für dich tun«, unterbrach ihn Maddys Mum mit fester Stimme.

Edgar holte die nobelsten Füller hervor, die ich je gesehen habe. Ich wette, damit schreibt er seine Gedichte. Dann sahen wir mit einem gewissen Stolz erfüllt zu, wie Maddys Eltern unser Dokument unterzeichneten.

Danach unterschrieben wir als Zeugen.

»Jetzt brauchen wir noch zwei weitere Zeugen«, sagte Edgar. »Soll ich Ihre Nachbarn herbitten?«

»Nein, ich denke, das reicht so«, fand Maddy.

»Vielen Dank für eure Hilfe, Jungs«, sagte ihre Mum. »Aber wir möchten jetzt gern mit Maddy allein sprechen.« Edgar und ich wurden regelrecht aus dem Haus gescheucht.

Aber draußen waren wir siegestrunken!

»Jetzt können sie keinen Rückzieher mehr machen«, sagte ich.

»Jetzt haben sie ein rechtskräftiges Dokument unterzeichnet«, sagte Edgar.

20.30 Uhr

Poppy war total aus dem Häuschen, als sie mich anrief.

»Hast du es schon gehört?«

»Was soll ich gehört haben?«

»Oh, Luis! Der Sender«, und damit meinte sie den Sender, dessen Namen ich nach Heiligabend nie wieder zu nennen geschworen hatte, »macht eine kurzfristige Programmänderung und wiederholt am kommenden Sonntag um 18 Uhr meine Sendung.«

»Hey, das ist großartig. Ich freue mich total für dich«, sagte ich.

»Aber werde ich diesmal drin sein? Das ist hier die Frage.«

»Na klar wirst du drin sein«, rief Poppy. »Du bist der Grund, warum sie die Sendung wiederholen. Du bist jetzt berühmt. Wenn sie am Sonntag jemanden rausschneiden, dann allerhöchstens mich.«

»Und zwar zu Recht«, scherzte ich.

»Du klingst nicht allzu begeistert«, sagte sie.

»Bin ich, aber vor allem hat der Schock mich sprachlos gemacht.«

20.50 Uhr

Nachdem ich Maddy davon erzählt hatte, war ich gleich viel aufgeregter. Sie und ihre Eltern besuchen morgen ihre sämtlichen Verwandten und essen abends mit ihren Schwestern. Aber am Sonntag wird sie auf jeden Fall zu mir kommen, um endlich zu sehen, wie ich »die Chance bekomme, die ich so sehr verdient habe«.

Samstag, 1. Februar

Ich habe gerade von Evie eine E-Mail bekommen, in der sie mir die morgige Wiederholung von Poppys Show ankündigt und schreibt, wie sehr sie sich freut, dass ich dieses Mal dabei sein werde.

Ich habe Dad die E-Mail gezeigt.

»Du wirst nicht glauben, was noch passiert ist«, sagte er. »Einer meiner Geschäftskontakte hat gesagt, dass er mich schon seit Ewigkeiten zu einem Gespräch einladen wollte. Er hat die Interviews mit mir gelesen und war von dem ganzen Rummel, den ich verursacht habe, sehr beeindruckt. Dabei habe ich überhaupt nichts gemacht. Nichts.«

»Doch, du hast dich total unvernünftig verhalten«, sagte ich fröhlich grinsend.

»Wir treffen uns nächste Woche zum Mittagessen. Er hat eine Stelle frei, für die ich mich seiner Ansicht nach bestens eignen würde. Ich habe keine Ahnung, was das für eine ist.«

»Leiter der Abteilung Zeitreisen«, schlug ich vor.

»Und das alles wegen etwas, das im Zimmer eines Teenagers gefilmt wurde.« Dad schüttelte fassungslos den Kopf.

Sonntag, 2. Februar
9.20 Uhr
Maddys allerletzter Tag.

Tschüss, Maddy

9.22 Uhr

Ja, Maddy wird sehr lange fort sein.

Sieben Wochen und sechs Tage, um genau zu sein.

Aber an Ostern wird sie wiederkommen.

Für eine ganze Woche.

Das halte ich mir immer wieder vor Augen.

10.05 Uhr

Maddy hat mich regelrecht angefleht, so zu tun, als sei heute ein ganz normaler Tag. Sie sagte, sie würde mit mir viel lieber darüber reden, wie ich heute Abend im Fernsehen Witze erzähle.

Sie ist wirklich schwer in Ordnung.

12.30 Uhr

Maddy hat allen, die sie kennt (und sie kennt eine Menge Leute), von meinem Fernsehauftritt erzählt. Sie sagte, dass jetzt viele Leute von mir gehört haben und ganz wild darauf sind, mich in Poppys Show zu sehen.

Aber seltsamerweise – vielleicht ist es auch gar nicht so seltsam –

habe ich außer Maddy und meiner Familie keiner Menschenseele davon erzählt. Du weißt, warum, nicht wahr?

Ja, ganz genau. Ich habe dieses schreckliche Gefühl, dass wieder etwas schiefgehen könnte. Und eine weitere Demütigung möchte ich auf keinen Fall riskieren.

18.15 Uhr

Da waren wir also – meine Familie, Maddy und ich – genau wie an Heiligabend um den Fernseher versammelt. Nur dass ich diesmal nicht mein Handy auf den Knien hielt. Stattdessen versuchte ich lässig und sorglos rüberzukommen.

Und was passierte um Punkt sechs Uhr? Anstelle von Poppys Show erschienen Noah und Lily. Was sollte das?

Oh, sie stellten uns vor. Zuerst Poppy, von der Lily sagte, sie könne nicht genug von ihr bekommen.

Dann erzählte Noah enthusiastisch, wie fröhlich ich geblieben war, obwohl man mich gezwungen hatte, wie im finstersten Mittelalter zu leben.

»Wir sind sicher, dass ihr Luis, die Lachnummer, lieben werdet.«

Ja! Noah hatte meinen kompletten Künstlernamen genannt.

»Und vergesst nicht, euch Luis, die Lachnummer, in unserem letzten Video anzusehen«, fügte Lily noch an.

Also benutzten Noah und Lily mich, um die Werbetrommel für ihren Vlog zu rühren.

MICH!!!

Dann verschwanden die beiden und Poppys Show begann – zum zweiten Mal. Früher, als ich erwartet hatte, tauchte ich darin auf.

Ich weiß nicht, ob du dich jemals selbst im Fernsehen gesehen hast. Ich kann dir sagen, es ist nicht halb so toll, wie man meint.

Zunächst mal fallen einem alle möglichen Makel an einem auf. So wie meine großen, flatternden Ohren. Ich hätte damit direkt von der Bühne abheben können wie Dumbo. In meiner eigenen Vorstellung sehe ich viel besser aus. Und größer. Und cooler. Von meiner Stimme will ich gar nicht erst anfangen. Ich dachte, sie wäre tiefer. Manchmal klang ich, als wäre ich gerade mal eine Woche älter als Elliot.

Ich wäre maßlos von mir enttäuscht gewesen, wenn nicht alle im Wohnzimmer wie wild gelacht hätten. Dad sagte immer wieder: »Ich hatte ganz vergessen, wie witzig du an dem Tag warst.« Am Ende sprangen alle auf und klatschten. Jawohl, es gab Standing Ovations! Selbst wenn sie nur von vier Leuten kamen.

»Du bist im TV viel lustiger als im richtigen Leben«, sagte Elliot.

Und weißt du was, zum ersten Mal überhaupt fühlte ich mich wie ein waschechter Comedian. Ja, ich weiß, das ist nur ein bescheidener Anfang. Aber hey – ein Anfang! Mein Traum erwacht langsam zum Leben. Das wäre der großartigste Augenblick meines Lebens – wenn Maddy nicht in einer Stunde gehen müsste.

Sie müssen früh aufstehen, um zu einer völlig verrückten Uhrzeit – vier Uhr morgens oder so – zum Flughafen zu fahren. Darum kommen Maddys Eltern um acht Uhr, um sie abzuholen. (Wir konnten sie mit Mühe dazu überreden, sie nicht schon um halb sieben, direkt nach Poppys Show, abzuholen.)

11.31 Uhr

Maddy ist davon überzeugt, dass mein Talent zurückgekehrt ist. Um ganz sicher zu sein, ließ sie mich einen Witz erzählen. Und um es schwerer zu machen, gab sie mir ein Thema vor: Verrückte.

Also gab ich meine verrücktesten Witze über Verrückte zum Besten.

Zwei Verrückte sitzen auf den Eisenbahnschienen und knabbern an den Gleisen. Sagt der eine: »*Die Dinger sind ja schrecklich hart!*«

Meint der andere: »*Dann probier mal die da drüben. Das ist eine Weiche.*«

Und:

Der Zoowärter schimpft den Pfleger: »*Sind Sie verrückt geworden? Sie haben den Tigerkäfig offen gelassen!*«

Darauf der Pfleger: »*Ach, wer würde schon einen Tiger klauen.*«

Maddy rief: »Oh ja, du bist wieder ganz der Alte.«

Mitten in dem Trubel klingelte mein Handy. Es war unser Lokalradio. Sie hatten mich gesehen und waren sehr beeindruckt. Sie wollten wissen, ob ich morgen Abend Zeit für ein Interview hätte.

»Und das ist erst der Anfang!«, freute sich Maddy und strahlte mich an.

20.15 Uhr

Als Maddys Eltern aufkreuzten, sagte ich verärgert: »Aber es ist doch erst …« Dann sah ich, dass es tatsächlich schon eine Minute vor acht war.

Maddys Eltern quatschen darüber, wie anders heute alles war. Früher, zu ihrer Zeit, da hätte man noch wochenlang warten müssen, bis ein Brief ankam. »Heute kann man ständig in Verbindung bleiben«, erklärten sie enthusiastisch.

Das stimmte. Aber im Moment hob das meine Stimmung nicht im Geringsten.

Langsam gingen wir alle zum Auto.

»Hast du das rechtskräftige Dokument immer griffbereit?«, fragte ich Maddy und warf ihren Eltern dabei einen strengen Blick zu.

»Und ob«, sagte Maddy. Mir fiel auf, dass sie die Halskette trug, die ich ihr zu Weihnachten geschenkt hatte.

Dann hörten wir, wie jemand auf uns zugerannt kam. Jemand, der es nicht gewohnt war, zu rennen oder sich irgendwie sportlich zu betätigen.

Edgar.

Er rang um Atem und keuchte nach ein paar Sekunden: »Ich kenne dich noch nicht besonders lange, Maddy, aber die Zeit mit dir war Gold wert.« Dann drückte er Maddy etwas in die Hand und umarmte sie. Zu meiner großen Überraschung umarmte er auch mich etwas unbeholfen, bevor er sich wieder aus dem Staub machte.

»Mach das nie wieder«, rief ich ihm nach.

Maddy starrte den Zettel an, den er ihr gegeben hatte. Es sah nach einem sehr, sehr langen Gedicht aus.

»Tja«, sagte ich, »sollte dir jemals das Klopapier ausgehen ...«

»Wirst du hin und wieder mit ihm reden?«, fragte Maddy.

»Es sind schon seltsamere Dinge passiert«, erwiderte ich.

Dann meinte Maddys Mum: »Schatz, wir müssen jetzt wirklich los.«

Ich schaute Maddy an. »Auch wenn du jetzt in die USA verduftest ... nun, das ändert nichts. Du wirst immer meine Agentin sein.«

»Deine internationale Agentin«, sagte sie und ein Lächeln huschte über ihr Gesicht.

»Genau. Und du weißt, dass du immer meine Freundin sein wirst. Egal wie weit du weggehst, nichts wird uns auseinanderbringen. So einfach wirst du mich nicht los.«

»Oh, Luis.« Maddys Stimme zitterte. »Dass ich jetzt einfach so gehen muss, fühlt sich so ... so falsch an.«

Anschließend umarmten wir uns so fest wir konnten. Als Maddy ins Auto stieg, hielt ich immer noch ihre Hand.

»Sieben Wochen und sechs Tage, das ist alles, dann bist du wieder da«, rief ich ihr zu.

Sie drückte meine Hand ein letztes Mal.

Dann brauste das Auto davon und Maddy war fort.

Blinzelnd und kopfschüttelnd blieb ich zurück.

Ich versuchte, den großen Trauerkloß runterzuschlucken, der mir immer wieder in die Kehle stieg. Aber er war wirklich hartnäckig.

Schließlich drehte ich mich um.

Meine Familie stand im Türrahmen versammelt und beobachtete mich besorgt. Dad fragte geradezu schüchtern: »Was möchtest du jetzt gerne machen, Luis?«

»Was ich gerne machen würde?«, wiederholte ich seine Frage. »Das werde ich dir sagen … aber es ist verrückt.«

»Verrate es uns«, sagte Mum sanft.

Ich ging auf die drei zu. »Zum ersten und einzigen Mal in meinem Leben würde ich gerne …« Ich schluckte das Entsetzen hinunter über das, was ich gleich sagen würde. »Ich würde gerne eine Partie … Monopoly spielen.«

»Aber sicher«, rief Dad eifrig und hüpfte fast, als er loslief, um das Spiel aus dem Schrank zu holen.

»Ich möchte, dass wir am Kamin spielen, dazu heiße Schokolade trinken und diese altmodischen Küchlein essen, die sich Petits Fours nennen, falls noch welche da sind.«

»Wir können einfach wieder welche backen«, sagte Mum.

»Euch ist klar, dass das niemals wieder passieren wird«, fügte ich hinzu. »Nur heute Abend.«

»Das verstehen wir«, sagte Dad.

»Und danach könntest du uns beibringen, wie man ein Computerspiel spielt«, bat Mum.

Ich starrte meine Eltern mit großen Augen an. »Echt jetzt?«

Dad schluckte. »Ja, es wird Zeit, dass wir so etwas lernen. Ich habe tatsächlich schon eine Weile darüber nachgedacht, dein freundliches Angebot anzunehmen.«

»Genug geredet. Fangen wir an!«, quäkte Elliot.

Als ich mich draußen noch einmal umsah, traf es mich wieder mit voller Wucht.

Maddy ist fort.

Aber in sieben Wochen und sechs Tagen kommt sie zurück.

In ein paar Stunden sind es nur noch sieben Wochen und fünf Tage.

MADDY KOMMT AUF JEDEN FALL WIEDER.

Und vielleicht komme ich eines Tages auch wieder, denn du hast mir prima Gesellschaft geleistet.

Bis dann, vergiss nie:

Immer schön weiterlächeln!

Dein Freund,

Luis, die Lachnummer

Schon ausgelesen? Hier geht's weiter:

ISBN 978-3-8458-4381-0

Mehr Infos zu den Büchern findest du unter **www.arsedition.de**
Newsletter abonnieren: **www.arsedition.de/newsletter**

Sommer mit Opa

Weil Jonas' Eltern arbeiten müssen, dürfen er und seine Schwester Marie mit Opa Franz in Urlaub nach Italien fahren. Sommer, Sonne, Freiheit, hurra!

Doch als Opas alter VW-Bus schon nach wenigen Kilometern an einem Baggersee den Geist aufgibt, sieht es schlecht aus mit Pizza, Pasta und Gelati. Zum Glück kann Opa Franz nichts aus der Ruhe bringen, er hat immer die tollsten Ideen. Und aus einer Autopanne wird für Jonas und Marie ganz unerwartet der beste Sommer aller Zeiten!

Letzte Seite? Neues Lesefutter:

ISBN 978-3-8458-3588-4

Mehr Infos zu den Büchern findest du unter **www.arsedition.de**
Newsletter abonnieren: **www.arsedition.de/newsletter**

Weihnachten mit Opa

Hurra, Weihnachten und die Winterferien stehen vor der Tür! Dummerweise sitzen Jonas' Eltern am Flughafen fest und können nicht rechtzeitig an Heiligabend zu Hause sein. Aber zum Glück gibt es ja Opa Franz!

Der springt ein und hilft Jonas und seiner Schwester Marie, alles für das Fest vorzubereiten. Doch Opa Franz hält nicht viel von durchgeplanten Feiertagen. Er findet, man soll die Dinge spontan angehen: Wie wäre es, wenn die Gans einfach mitfeiert? Kann man sich den Christbaum vielleicht auch im Stadtpark besorgen? Und wäre es nicht schön, am Weihnachtsabend noch ein paar Überraschungsgäste einzuladen ...?

Eins ist sicher: An dieses Weihnachtsfest werden sich Jonas und Marie noch lange erinnern!

Ausgelesen? Neues Lesefutter:

ISBN 978-3-8458-3423-8

Mehr Infos zu den Büchern findest du unter **www.arsedition.de**
Newsletter abonnieren: **www.arsedition.de/newsletter**

Die Glückspilze von Klasse 4

Die Schüler von Klasse 4 können ihr Glück
kaum fassen: Ihre Lehrerin gewinnt im Lotto!
Und sie teilt den Gewinn mit ihrer Klasse.
EINE MILLIARDE DOLLAR für jeden!
So nehmen 28 haarsträubende und
aberwitzige Abenteuer ihren Lauf …

arsEdition
… bringt Freude